课程标准编委会

顾　　　问：方国恩　李晓捷　陈文华　杜　青
王　刚　邱卓英　杜　勇　黄鹤年
领导小组：黄昭鸣　谢敬仁　孙喜斌　杜晓新
专家小组：刘巧云　万　勤　万　萍　卢红云
周林灿　张　青　胡金秀　王勇丽
高晓慧　刘　杰　李孝洁　张奕雯
张梓琴　尹敏敏

本课程标准编委会

顾　　　问：陈文华
主要执笔人：卢红云　张梓琴　尹敏敏
参与执笔人：万　勤　万　萍　胡金秀　刘　杰
刘百搏　周林灿　张　青　杨洪荣
徐　帅　郑　钦　王国华

医学 · 教育康复行业课程标准与实施指南

言语障碍康复课程标准

华东师范大学中国言语听觉康复科学与 ICF 应用研究院
华东师范大学康复科学系（听力与言语康复学专业、教育康复学专业）
中国教育技术协会教育康复专业委员会
中国残疾人康复协会语言障碍康复专业委员会
中国优生优育协会儿童脑潜能开发专业委员会
组织编写

南京师范大学出版社
NANJING NORMAL UNIVERSITY PRESS

图书在版编目（CIP）数据

言语障碍康复课程标准 / 华东师范大学中国言语听觉康复科学与 ICF 应用研究院等组织编写 . — 南京 : 南京师范大学出版社 , 2020.8 (2024. 4重印)
（医学 · 教育康复行业课程标准与实施指南）
ISBN 978-7-5651-4311-3

Ⅰ . ①言… Ⅱ . ①华… Ⅲ . ①言语障碍—儿童—教育康复—课程标准 Ⅳ . ① G762.2

中国版本图书馆 CIP 数据核字 (2019) 第 226886 号

书　　名　言语障碍康复课程标准
丛 书 名　医学 · 教育康复行业课程标准与实施指南
作　　者　华东师范大学中国言语听觉康复科学与 ICF 应用研究院
　　　　　华东师范大学康复科学系（听力与言语康复学专业、教育康复学专业）
　　　　　中国教育技术协会教育康复专业委员会
　　　　　中国残疾人康复协会语言障碍康复专业委员会
　　　　　中国优生优育协会儿童脑潜能开发专业委员会
责任编辑　马　笑
出版发行　南京师范大学出版社
地　　址　江苏省南京市玄武区后宰门西村 9 号（邮编：210016）
电　　话　（025）83598919（总编办）　83598412（营销部）　83373872（邮购部）
网　　址　http://press.njnu.edu.cn
电子信箱　nspzbb@njnu.edu.cn
照　　排　南京凯建文化发展有限公司
印　　刷　南京玉河印刷厂
开　　本　880 毫米 × 1230 毫米　1/32
印　　张　3
字　　数　84 千
版　　次　2020 年 8 月第 1 版　2024 年 4 月第 3 次印刷
书　　号　ISBN 978-7-5651-4311-3
定　　价　18.00 元

出 版 人　张　鹏

序

残疾人事业是中国特色社会主义事业的重要组成部分。关注残疾人的康复与教育问题，改善残疾人的生存生活状况，促进残疾人事业的发展，已成为全面建设小康社会和构建社会主义和谐社会一项重要而紧迫的任务。

我国第二次残疾人口抽样调查的数据表明，全国现有残疾人口 8 296 万，占我国总人口的 6.34%，涉及 2.4 亿人口家庭，有 400 万残疾儿童需要接受医疗、康复和教育。这些年来，我国的医疗卫生、特殊教育、民政、残联等机构和部门的残疾儿童康复与教育工作也取得了显著成效；但我国残疾人事业基础还较薄弱，残疾人社会保障政策措施尚不够完善，残疾人在基本生活、医疗卫生、康复、教育、就业、社会参与等方面还存在许多困难，他们的总体生活状况与社会平均水平之间仍存在较大差距。残疾人仍然是社会中一个特殊的弱势群体，他们多数仍然生活在社会的底层，离平等参与社会生活、共享人类文明成果的目标还甚远。

本世纪初，随着社会康复需求的不断增加，我们立足国际最先进的理念与国内发达地区最早的社会需求，萌生建立中国的教育康复学的念想。客观讲，我国的残疾儿童的医疗康复服务主要由医院、康复机构承担，教育主要由学前教育机构、特殊教育学校提供。近些年来，学界和政府有关部门开始关注这种康复与教育分离的模式能否真正满足残疾儿童的发展与成长需求。随着医教结合、综合康复理念在我国医学康复、教育康复领域渐成共识，医学·教育康复由此应运而生，医学·教育康复行业课程标准与实施指南的制定亦进入专家学者们的研究视野。

医学·教育康复是研究如何为兼具康复与教育双重需求的特殊需要儿童提供系统、科学的技术支持与同步服务的学科。我们组织教育、医疗、康复学界众多专家学者组建课题攻关团队，以若干国家、省（市）部级重大重点课题及前期成果为支撑，经过不懈努力，2013 年经教育部批准，华东师范大学在全国率先成立教育康复学专业。教育康复学专业的诞生，既填补了我国高等院校相关学科的空白，同时又对我国特殊教育、听力和言语康复、康复治疗的科学发展，对方兴未艾的“医教结合”新模式的推广，对复合型特殊教育师资、康复治疗师的培养，对残疾人教育、医疗、康复质量及水平的提高等具有重要意义。

目前不少进入学前教育机构、特殊教育学校的儿童还无法清楚说话、难以执行简单指令，甚至无法安坐，带病上学成为特殊需要儿童的入学常态，教学目标很难实现，需要针对性的康复课程介入。例如，《培智学校义务教育课程标准》明确将康复训练列为其重要内容。当学生粗大动作和精细动作发展存在显著迟缓或功能障碍时，应从物理治疗和作业治疗等相应领域开展康复训练；当学生在言语、语言发展上出现明显迟缓，存在语音、流畅性、语法、语义等方面困难时，应进行言语语言康复训练；当学生出现注意缺陷、多动、行为问题、情绪障碍、人际交往困难时，应开展心理治疗、行为矫正与行为支持、音乐治疗和游戏治疗等康复训练。康复课程不分学段，应根据学生的特殊需求，在世界卫生组织 ICF 框架下采用“评估—训练—评估”的模式进行，最终达到预期的康复效果。

为解决这些问题，受教育部委托，华东师范大学在全国范围遴选特殊教育学校进行“医教结合”实验，以期残疾儿童在学前教育机构、特殊教育学校接受教育的同时，也能获得针对性的医疗和康复服务。我们在全国 18 所医教结合实验校和 21 所医教结合师资培训基地的实践表明：医教结合的康复教育新模式对于残疾儿童的医疗康复效果极佳，家庭经济负担大为减轻，教育质量得到明显提高，这种“医教结合，综合康复”的模式具有强大的生命力。

近几年，在华东师范大学中国言语听觉康复科学与ICF应用研究院、康复科学系（听力与言语康复学专业、教育康复学专业）的努力下，在中国教育技术协会教育康复专业委员会、中国残疾人康复协会语言障碍康复专业委员会、中国优生优育协会儿童脑潜能开发专业委员会的支持下，在全国医教结合师资培训基地的配合下，专家组研制了医学·教育康复行业课程标准，课程标准具体包括：《言语障碍康复课程标准》《儿童语言康复课程标准》《儿童认知障碍康复课程标准》《儿童情绪行为障碍干预课程标准》《儿童运动康复课程标准》《听障儿童听觉言语康复课程标准》《康复仪器设备与教学信息化配备标准》等。

本系列课程标准有助于规范指导康复教师和康复治疗师使用康复设备及专业工具，对障碍者采用定量与定性的综合方法进行评定、制订方案、实施康复训练、跟踪康复效果，同时提供康复咨询与指导。

此外，本系列课程标准还另外配套了与康复关系密切的四门课程的实施指南：《智力障碍儿童生活语文学科实施指南》《智力障碍儿童生活适应学科实施指南》《智力障碍儿童生活数学学科实施指南》《智力障碍儿童心理健康学科实施指南》。

本系列课程标准与实施指南既可作为大学本科、研究生或高职院校康复治疗学、听力与言语康复学、言语听觉康复技术以及教育康复学和特殊教育学专业教学参考使用，也可为医院、康复机构、特殊教育学校及民政福利机构等相关部门开展残疾儿童各板块康复的评估、治疗、监控、教学、管理和研究工作使用。我们期待本系列课程标准与实施指南能为中国康复教育事业的发展做出贡献，同时也期待本套课程标准与实施指南在实践中渐趋完善，成为一套言之有理、操之有物、行之有效的临床或一线教育康复的工作指南。

《医学·教育康复行业课程标准与实施指南》编写委员会

2020年4月

目　录

一、导言

（一）课程定位

言语是有声语言（口语）形成的机械过程，是人们沟通交流的主要方式；言语障碍会严重影响与他人的沟通交流，造成生活的诸多不便，甚至导致无法融入主流社会。

言语康复课程主要适用于存在言语障碍（嗓音障碍和 / 或构音障碍）的康复对象，针对呼吸、发声（嗓音）、共鸣、构音、语音等功能所存在的问题展开康复。本课程主要从这五个功能模块出发，以提升康复对象的言语功能，增强其沟通交流能力，为他们今后更好地开展社会生活和人际交往提供帮助。

本康复课程的使用者为康复治疗师或康复教师。康复治疗师是指使用康复设备及专业工具对言语障碍（嗓音障碍和 / 或构音障碍）者采用定量与定性的综合方法进行评定，制订方案，实施康复训练，跟踪康复效果，以及提供康复咨询与指导的专业人员。康复设备是指医疗器械分类目录中定义的言语障碍康复设备。

（二）课程基本理念

1. 以言语的“生理发展”为依据

从言语的发育角度而言，言语由呼吸、发声、共鸣、构音和语音五个板块构成：呼吸系统是言语产生的动力源；发声系统是言语产生的振动源；共鸣系统是言语产生的共鸣腔；构音系统是言语发育过程的转化点；语音是言语和语言的连接点。本课程以言语的

“生理发展”为依据，促进康复对象呼吸、发声、共鸣、构音和语音功能科学地、循序渐进地发展。

2. 以个体言语障碍问题为靶向，以个别化康复训练为主要组织形式

言语障碍者差异性较大，个体存在的言语障碍问题和障碍程度均不同，通过“ATM”（评估—治疗—监控）操作模式，本课程以个体言语障碍问题的不同特点为靶向，制订并实施有针对性的个别化言语康复训练方案。

3. 加强医院、机构、学校与家庭合作机制

言语障碍的康复并非一朝一夕的事，而是一项长期工程。习得的言语能力需要在日常生活中反复应用才能获得内化。因此，家庭的支持与参与是提高康复效果的保障，家属要在医生、机构康复治疗师或学校康复教师等人员的指导下开展家庭训练，通过线上与线下合作的方式，提高家庭康复质量。

（三）课程设计思路

1. 康复课程整体设计思路

以言语的“生理发展”为依据，从呼吸、发声、共鸣、构音、语音五个功能模块出发搭建言语康复训练的框架，以此框架为主要结构设计本课程。

2. 康复课程具体设计思路

（1）康复课程目标分为总目标与阶段目标

总目标概述通过言语康复训练应该达到的总体的言语能力水平，阶段目标分别从呼吸、发声、共鸣、构音、语音五个模块阐述康复对象应该达到的能力水平。

（2）康复课程内容的设计体现阶段性、可操作性

康复课程内容依据言语发育和产生过程的五个阶段——呼吸（R）、发声（P）、共鸣（R）、构音（A）和语音（P）即“RPRAP”

理论来编排，以个体言语障碍问题为靶向，逐步提升康复对象的言语功能，增强其沟通交流能力，进一步满足他们学习、生活、工作等方面的言语需求。

言语康复训练阶段的内容分项列出。五个阶段分别列出每一项训练项目的康复建议，包括康复准备、康复方法、评估 / 监控指标等，突出可操作性。

（3）康复课程实施突出指导性

康复课程实施部分从康复对象的特点出发，提出若干康复训练建议、评估建议和保障课程实施的建议。

二、课程目标

（一）总目标

通过对存在言语障碍（嗓音障碍和 / 或构音障碍）的康复对象进行有针对性的呼吸功能、发声功能（嗓音功能）、共鸣功能、构音能力、语音能力训练，在每个康复对象自身能力的基础上提升其言语功能，强化口语表达，增强沟通交流能力，为其正常地参与社会生活和进行人际交往奠定基础。

（二）分目标

1. 呼吸

① 建立正确的言语呼吸模式；

② 提高言语呼吸支持能力；

③ 促进呼吸和发声的协调。

2. 发声（嗓音）

① 建立正常的音调；

② 建立正常的响度；

③ 改善嗓音音质。

3. 共鸣

① 建立正常的口腔共鸣；

② 建立正常的鼻腔共鸣；

③ 改善共鸣音质。

4. 构音

① 建立正确的口部和构音运动模式；

② 掌握常见声韵组合的构音能力；

③ 提高言语清晰度。

5. 语音

① 提高连续语音的可懂度和清晰度；

② 提高连续语音的韵律感。

三、康复疗程设置

对于存在言语障碍（嗓音障碍和 / 或构音障碍）的康复对象，实施本康复课程的疗程一般为 6 ~ 12 个月，每周应至少进行 3 次康复训练，每次训练时间为 30 ~ 40 分钟。各医院、康复机构、特殊教育学校可根据康复对象的实际情况，对有严重言语障碍的康复对象按需增加训练疗程、次数和每次的训练时间。

四、课程内容

（一）课程内容

康复训练项目		目标与内容	康复建议
呼吸	1. 呼吸放松	能通过“呼吸放松训练”为正确的言语呼吸进行准备。	**（1）康复准备** 自备材料：呼吸放松训练的示范视频。 推荐参考书：张磊、丁迎春等著，《言语矫治手册—呼吸障碍的促进治疗》第1册，华东师范大学出版社；黄昭鸣、朱群怡、卢红云著，《言语治疗学》，华东师范大学出版社；黄昭鸣著，《言语康复学》，人民卫生出版社；万勤著，《嗓音障碍康复治疗技术》，人民卫生出版社。 **（2）康复方法** 呼吸放松训练。
	2. 呼吸方式	① 能通过“生理腹式呼吸训练”建立正确、自然、舒适的生理腹式呼吸方式。 ② 能通过“声音感知训练”对声音的有无形成具体形象的理解。 ③ 能通过“嗯哼法”“拟声法”和“数数法”，从生理腹式呼吸过渡到言语腹式呼吸。	**（1）康复准备** 推荐参考书：张磊、丁迎春等著，《言语矫治手册—呼吸障碍的促进治疗》第2、3、4、5册，华东师范大学出版社；黄昭鸣、朱群怡、卢红云著，《言语治疗学》，华东师范大学出版社；黄昭鸣著，《言语康复学》，人民卫生出版社；万勤著，《嗓音障碍康复治疗技术》，人民卫生出版社。 推荐设备：言语障碍矫治仪（国药监械2011）。 **（2）康复方法** 生理腹式呼吸训练、声音感知训练、嗯哼法、拟声法、数数法等。

续表

康复训练项目		目标与内容	康复建议
呼吸	3. 呼吸支持	① 能通过“快速用力呼气法”提高言语呼吸深度。 ② 能通过“缓慢平稳呼气法”“最长声时训练”，提高言语呼吸气流的稳定性。 ③ 能通过“逐字增加句长法”增强言语呼吸支持能力，为提高呼吸与发声的协调性奠定基础。	**（1）康复准备** 推荐参考书：张磊、丁迎春等著，《言语矫治手册—呼吸障碍的促进治疗》第6、7、8册，华东师范大学出版社；黄昭鸣、朱群怡、卢红云著，《言语治疗学》，华东师范大学出版社；黄昭鸣著，《言语康复学》，人民卫生出版社；万勤著，《嗓音障碍康复治疗技术》，人民卫生出版社。 推荐设备：言语障碍测量仪（国药监械 2011）；言语障碍矫治仪（国药监械 2011）。 **（2）康复方法** 快速用力呼气法、缓慢平稳呼气法、最长声时训练、逐字增加句长法、声时感知训练等。 **（3）评估 / 监控指标** 最长声时。
	4. 呼吸与发声协调	① 能通过“唱音法”和“啭音法”提高呼吸与发声整体协调能力。 ② 能通过“起音感知训练”，建立起音概念，体会正确起音方式。 ③ 能通过“气息式发音法”和“减少硬起音训练”，改善硬起音现象。 ④ 能通过“甩臂后推法”和“减少软起音训练”，改善软起音现象。 ⑤ 能通过“提高起音速率训练”，体会起音速率，并最终提高起音速率。	**（1）康复准备** 推荐参考书：张磊、丁迎春等著，《言语矫治手册—呼吸障碍的促进治疗》第9、10、11、12册，华东师范大学出版社；黄昭鸣、朱群怡、卢红云著，《言语治疗学》，华东师范大学出版社；黄昭鸣著，《言语康复学》，人民卫生出版社；万勤著，《嗓音障碍康复治疗技术》，人民卫生出版社。 推荐设备：言语障碍测量仪（国药监械 2011）；言语障碍矫治仪（国药监械 2011）。 **（2）康复方法** 唱音法、啭音法、起音感知训练、气息式发音法、减少硬起音训练、甩臂后推法、减少软起音训练、提高起音速率训练等。 **（3）评估 / 监控指标** 最大数数能力、s/z 比。

续表

康复训练项目		目标与内容	康复建议
发声	1. 发声放松	能通过“发声放松训练”“哈欠－叹息法”“张嘴法”为正确的发声进行准备。	**（1）康复准备** 自备材料：发声放松训练的示范视频。 推荐参考书：孙韡郡，施雅丹等著，《言语矫治手册—发声障碍的促进治疗》第1、2、3册，华东师范大学出版社；黄昭鸣、朱群怡、卢红云著，《言语治疗学》，华东师范大学出版社；黄昭鸣著，《言语康复学》，人民卫生出版社；万勤著，《嗓音障碍康复治疗技术》，人民卫生出版社。 **（2）康复方法** 发声放松训练、哈欠－叹息法、张嘴法等。
	2. 响度	① 能通过“响度感知”对抽象的响度概念有形象具体的理解。 ② 能通过“用力搬椅法”“掩蔽法”和“碰撞法”增加响度。 ③ 能通过“响度梯度训练法”在增加或降低响度的基础上，提高对响度的控制能力。 ④ 能通过“响度训练”达到增加响度、降低响度或控制响度的目标。	**（1）康复准备** 推荐参考书：孙韡郡，施雅丹等著，《言语矫治手册—发声障碍的促进治疗》第6、7、8、9册，华东师范大学出版社；黄昭鸣、朱群怡、卢红云著，《言语治疗学》，华东师范大学出版社；黄昭鸣著，《言语康复学》，人民卫生出版社；万勤著，《嗓音障碍康复治疗技术》，人民卫生出版社。 推荐设备：言语障碍测量仪（国药监械2011）；言语障碍矫治仪（国药监械2011）。 **（2）康复方法** 响度感知、用力搬椅法、掩蔽法、碰撞法、响度梯度训练法、响度训练等。 **（3）评估／监控指标** 平均强度。

续表

康复训练项目		目标与内容	康复建议
发声	3. 音调	① 能通过“音调感知”对抽象的音调概念有形象具体的理解。 ② 能通过“手指按压法”“乐调匹配法”和“音调梯度训练法”增加或降低音调，并在此基础上提高对音调的控制能力。 ③ 能通过“音调训练”达到增加音调、减少音调或控制音调的目标。	**（1）康复准备** 推荐参考书：孙韡郡，施雅丹等著，《言语矫治手册—发声障碍的促进治疗》第 4、5 册，华东师范大学出版社；黄昭鸣、朱群怡、卢红云著，《言语治疗学》，华东师范大学出版社；黄昭鸣著，《言语康复学》，人民卫生出版社；万勤著，《嗓音障碍康复治疗技术》，人民卫生出版社。 推荐设备：言语障碍测量仪（国药监械 2011）；言语障碍矫治仪（国药监械 2011）。 **（2）康复方法** 音调感知、手指按压法、乐调匹配法、音调梯度训练法、音调训练等。 **（3）评估 / 监控指标** 平均基频、基频标准差。
	4. 嗓音音质	① 能通过“喉部按摩法”“咀嚼法”和“吟唱法”整体提升嗓音音质。 ② 能通过“哼鸣法”“半吞咽法”“气泡发音法”改善由于声门闭合不全导致的音质障碍。 ③ 能通过“吸入式发音法”，改善由声带发声导致的音质障碍。	**（1）康复准备** 推荐参考书：孙韡郡，施雅丹等著，《言语矫治手册—发声障碍的促进治疗》第 10—15 册，华东师范大学出版社；黄昭鸣、朱群怡、卢红云著，《言语治疗学》，华东师范大学出版社；黄昭鸣著，《言语康复学》，人民卫生出版社；万勤著，《嗓音障碍康复治疗技术》，人民卫生出版社。 推荐设备：言语障碍测量仪（国药监械 2011）；言语障碍矫治仪（国药监械 2011）；喉功能检测仪；电声门图测量仪（国药监械 2011）；电子内窥镜（医疗器械分类目录）；图像诊断工作站（医疗器械分类目录）。 **（2）康复方法** 喉部按摩法、咀嚼法、吟唱法、哼鸣法、半吞咽法、气泡发音法、吸入式发音法、电声门图训练等。 **（3）评估 / 监控指标** 基频微扰、振幅微扰、噪声能量、接触率、接触幂、喉内窥镜图像。

续表

康复训练项目		目标与内容	康复建议
共鸣	1. 共鸣放松	能通过“共鸣放松训练”为正确的共鸣进行准备。	**（1）康复准备** 自备材料：共鸣放松训练的示范视频。 推荐参考书：金星、朱群怡等著，《言语矫治手册—共鸣障碍的促进治疗》第1册，华东师范大学出版社；黄昭鸣、朱群怡、卢红云著，《言语治疗学》，华东师范大学出版社；黄昭鸣著，《言语康复学》，人民卫生出版社；万勤著，《嗓音障碍康复治疗技术》，人民卫生出版社。 **（2）康复方法** 共鸣放松训练等。
	2. 口腔共鸣	① 能通过“后位音法”，增加舌向后运动，减缓前位聚焦。 ② 能通过“前位音法”，增加舌向前运动，减缓后位聚焦。 ③ 能通过“伸舌法”，减缓喉位聚焦。	**（1）康复准备** 推荐参考书：金星、朱群怡等著，《言语矫治手册—共鸣障碍的促进治疗》第2、3、4册，华东师范大学出版社；黄昭鸣、朱群怡、卢红云著，《言语治疗学》，华东师范大学出版社；黄昭鸣著，《言语康复学》，人民卫生出版社；万勤著，《嗓音障碍康复治疗技术》，人民卫生出版社。 推荐设备：言语障碍测量仪（国药监械 2011）。 **（2）康复方法** 元音跟踪训练、元音匹配训练、后位音法、前位音法、伸舌法等。 **（3）评估 / 监控指标** 共振峰。
	3. 鼻腔共鸣	① 能通过“鼻腔共鸣法”减少鼻腔共鸣低下，增强鼻腔共鸣。 ② 能通过“口腔共鸣法”减少鼻腔共鸣亢进，增强口腔共鸣。	**（1）康复准备** 推荐参考书：金星、朱群怡等著，《言语矫治手册—共鸣障碍的促进治疗》第5、6册，华东师范大学出版社；黄昭鸣、朱群怡、卢红云著，《言语治疗学》，华东师范大学出版社；黄昭鸣著，《言语康复学》，人民卫生出版社；万勤著，《嗓音障碍康复治疗技术》，人民卫生出版社。 推荐设备：鼻音功能测量与训练仪。 **（2）康复方法** 鼻腔共鸣法、口腔共鸣法等。 **（3）评估 / 监控指标** 鼻流量、口鼻共振峰、口腔能量集中率、鼻共鸣增强区。

续表

康复训练项目		目标与内容	康复建议
共鸣	4. 共鸣音质	能通过“鼻音/边音刺激法”“头腔共鸣法”“胸腔共鸣法”“U声道法”提高整体的言语共鸣效果。	**（1）康复准备** 推荐参考书：金星、朱群怡等著，《言语矫治手册—共鸣障碍的促进治疗》第7、8、9、10册，华东师范大学出版社；黄昭鸣、朱群怡、卢红云著，《言语治疗学》，华东师范大学出版社；黄昭鸣著，《言语康复学》，人民卫生出版社；万勤著，《嗓音障碍康复治疗技术》，人民卫生出版社。 **（2）康复方法** 鼻音/边音刺激法、头腔共鸣法、胸腔共鸣法、U声道法等。
构音	1. 口部运动	① 能通过“增强下颌感知觉的治疗”“提高咬肌肌力的治疗”“下颌运动障碍的针对性治疗”，建立正常的下颌口部运动模式。 ② 能通过“增强唇感知觉的治疗”“提高唇肌肌力的治疗”“唇运动障碍的针对性治疗”，建立正常的唇的口部运动模式。 ③ 能通过“增强舌感知觉的治疗”“提高舌肌肌力的治疗”“促进舌后侧缘稳定的治疗”“舌运动障碍的针对性治疗”，建立正常的舌的口部运动模式。	**（1）康复准备** 推荐参考书：卢红云、黄昭鸣著，《口部运动治疗学》，华东师范大学出版社；黄昭鸣、朱群怡、卢红云著，《言语治疗学》，华东师范大学出版社；黄昭鸣著，《言语康复学》，人民卫生出版社；黄昭鸣、席艳玲著，《构音障碍康复治疗技术》，人民卫生出版社。 推荐设备：构音障碍康复训练仪（医疗器械分类目录）；言语障碍测量仪（国药监械2011）。 **（2）康复方法** 增强下颌感知觉的治疗；提高咬肌肌力的治疗；下颌运动受限、运动过度、分级控制、下颌转换障碍等下颌运动障碍的针对性治疗等。 增强唇感知觉的治疗；提高唇肌肌力的治疗；圆唇运动、展唇运动、唇闭合、唇齿接触、圆展交替等唇运动障碍的针对性治疗等。 增强舌感知觉的治疗；提高舌肌肌力的治疗；舌向前、舌向后、舌前后转换、马蹄形上抬、舌后部上抬、舌侧缘上抬、舌尖上抬、舌前部上抬等舌运动障碍的针对性治疗等。 **（3）评估/监控指标** 口腔轮替速率。

续表

康复训练项目		目标与内容	康复建议
构音	2. 构音运动	① 能通过“下颌构音运动训练”和“下颌构音重读治疗”建立正确的下颌构音运动模式。 ② 能通过“唇构音运动训练”和“唇构音重读治疗”建立正确的唇构音运动模式。 ③ 能通过“舌构音运动训练”和“舌构音重读治疗”建立正确的舌构音运动模式。	**（1）康复准备** 推荐参考书：黄昭鸣、朱群怡、卢红云著，《言语治疗学》，华东师范大学出版社；黄昭鸣著，《言语康复学》，人民卫生出版社；黄昭鸣、席艳玲著，《构音障碍康复治疗技术》，人民卫生出版社。 推荐设备：构音障碍康复训练仪（医疗器械分类目录）；言语重读治疗仪（国药监械 2011）；言语障碍测量仪（国药监械 2011）。 **（2）康复方法** 下颌、唇、舌的构音运动训练、构音重读治疗等。 **（3）评估 / 监控指标** 下颌距、舌距、舌域图。
	3. 构音语音	**（1）韵母构音** ① 根据单韵母的语音基础，主要通过“下颌高位、低位、半开位构音运动模式”“圆唇、展唇构音运动模式”和“舌前位、舌后位构音运动模式”三者间的组合，掌握 /ɑ/、/i/、/u/、/o/、/e/、/ü/ 的发音，从而提高单韵母的构音清晰度。 ② 根据复韵母的语音基础，主要通过对“下颌高位、低位、半开位、转换构音运动模式”“圆唇、展唇、圆展转换构音运动模式”“舌前位、舌后位、舌前后转换构音运动模式”进行不同的组合，掌握前响、中响、后响复韵母，从而提高复韵母的构音清晰度。	**（1）康复准备** 推荐参考书：黄昭鸣、朱群怡、卢红云著，《言语治疗学》，华东师范大学出版社；黄昭鸣著，《言语康复学》，人民卫生出版社；黄昭鸣、席艳玲著，《构音障碍康复治疗技术》，人民卫生出版社。 推荐设备：构音障碍康复训练仪；言语重读治疗仪（国药监械 2011）；言语障碍测量仪（国药监械 2011）。

续表

康复训练项目		目标与内容	康复建议
构音	3. 构音语音	③ 在复韵母构音的基础上，根据鼻韵母的语音基础，强调气流从鼻腔呼出，主要通过“舌尖鼻韵母构音运动模式”和“舌根鼻韵母构音运动模式”，掌握前后鼻音，提高鼻韵母的构音清晰度。 **（2）声母构音** ① 能通过“音位诱导训练”，帮助康复对象诱导出被遗漏、替代或者歪曲的目标音位。 ② 能通过“音位习得训练”，将诱导出的音位进行类化，进行单、双、三音节的习得训练。可结合重读治疗法（一般结合慢板节奏Ⅱ）进行音位习得的训练，以促进音节内的自然转换，并提高语音流畅性。 ③ 能通过“音位对比训练”，将容易混淆的一对声母音位提取出来进行专门的强化训练。在进行音位对比训练时，可结合重读治疗法（一般结合行板节奏Ⅰ），以促进音位对的准确切换，避免音位对的混淆。 ④ 能通过“声韵强化训练”，模拟各种日常情景，加强患者对于目标音位的灵活运用。 ⑤ 能通过“语音自反馈技术”，加强患者对于目标音节的时长、音调、响度等的控制能力。	**（2）康复方法** 韵母：下颌、唇、舌单一构音运动模式综合协调定位法，下颌、唇、舌转换构音运动模式综合协调定位法，下颌、唇、舌、软腭转换构音运动模式综合协调定位法。 声母：增强对目标音位感知、认识目标音位的发音部位和方法、诱导目标音位、单音节训练、双音节训练、三音节训练、音位对比训练法、棋盘游戏训练、生活言语训练、重读治疗法等。 **（3）评估 / 监控指标** 构音清晰度、时长、频率、强度、共振峰。

续表

康复训练项目		目标与内容	康复建议
语音	1. 连续语音清晰度	① 能通过“听说复述法”“情景对话法”“游戏法”等，增强 21 个声母的语音巩固能力。 ② 能通过“听说复述法”“情景对话法”“游戏法”等增强 21 个声母的语音重复能力。 ③ 能通过“听说复述法”“情景对话法”“游戏法”等，增强 23 对声母音位对的语音切换能力。 ④ 能通过“听说复述法”“情景对话法”“游戏法”等，增强相同部位或相同方式声母的语音轮替能力。	**（1）康复准备** 推荐参考书：黄昭鸣、朱群怡、卢红云著，《言语治疗学》，华东师范大学出版社；黄昭鸣著，《言语康复学》，人民卫生出版社；黄昭鸣、席艳玲著，《构音障碍康复治疗技术》，人民卫生出版社。 推荐设备：语音障碍康复训练仪（医疗器械分类目录）。 **（2）康复方法** 听说复述法、情景对话法、游戏法等。 **（3）评估 / 监控指标** 字清晰度、句清晰度、连续语音清晰度。
	2. 连续语音韵律感	① 通过“重读节奏法”，进行慢板节奏训练、行板节奏训练和快板节奏训练，通过建立正确的重读方式提高患者连续语音的韵律感。 ② 通过“重读匹配训练”，利用视听反馈和实时跟踪技术，让康复对象根据目标音的发音韵律进行模仿匹配，从而达到训练连续语音韵律感的目的。 ③ 通过“重读能量法”，寻找连续语音中能量集中的位置，强调从声、韵母到音节、词语和句子的过渡，从而帮助建立连续语音的韵律感。 ④ 通过“重读支架法”，进行从字、词语到句子的过渡，一般不超过四个音节，来建立连续语音的韵律感。	**（1）康复准备** 推荐参考书：黄昭鸣、朱群怡、卢红云著，《言语治疗学》，华东师范大学出版社；黄昭鸣著，《言语康复学》，人民卫生出版社；黄昭鸣、席艳玲著，《构音障碍康复治疗技术》，人民卫生出版社。 推荐设备：言语重读治疗仪（国药监械 2011）。 **（2）康复方法** 重读节奏法、重读能量法、重读支架法等。 **（3）评估 / 监控指标** 平均基频、平均强度、基频标准差、基频范围。

（二）课程特点

1. 障碍儿童的嗓音康复课程的特点

类型	康复特点	康复课程的重点		
		呼吸训练	发声训练	共鸣训练
脑瘫	① 训练形式：脑瘫儿童没有较好的认知能力，必须应用呼吸系统、喉、腭咽区的视听反馈进行训练。 ② 训练内容：声音形成需要三个要素，必须进行时长、响度 / 音调、起音的训练。	呼吸支持不足（时长短、停顿异常）、起音异常	音调变化异常、由于声带振动不规律造成的粗糙声	鼻腔共鸣功能亢进、喉位聚焦
智障、发育迟缓	① 训练形式：语言发育迟缓是智障、发育迟缓儿童的主要问题，口语表达必须应用呼吸系统、喉的视听反馈进行训练。 ② 训练内容：声音形成需要三个要素，必须进行时长、响度 / 音调、起音的训练。	呼吸支持不足（时长短、停顿异常）、起音异常	音调异常、气息声	前位聚焦
听障	① 训练形式：听障儿童听觉能力欠佳，嗓音训练必须应用视听反馈进行训练。 ② 训练内容：声音形成需要三个要素，必须进行时长、响度 / 音调、起音的训练。	呼吸支持不足（时长短）、硬起音	高音调、响度异常	后位聚焦
腭裂	① 训练形式：腭裂儿童的腭咽闭合能力有待加强，嗓音训练必须应用舌、唇、腭咽区、鼻气流等视听反馈的训练。 ② 训练内容：声音形成需要三个要素，必须进行时长、响度 / 音调、起音的训练。	时长短	响度异常、嘶哑声	鼻腔共鸣功能亢进

2. 障碍儿童的构音康复课程的特点

类　型	训练特点	训练重点			
		口部运动	构音运动	构音语音	韵律训练
脑瘫、智障、发育迟缓	① 构音训练：声音的形成是构音的基础，构音训练的同时必须提供言语（嗓音）支持训练。 ② 视听反馈：该类型康复对象听觉能力欠佳，必须提供视听反馈的训练，特别是手足徐动型伴有感音性高频听力损失的儿童。 ③ 针对脑瘫儿童：需进行抑制异常姿势反射训练（从头、颈、肩等的大运动过渡到口部器官的精细运动）。	口腔感知觉训练、针对非构音运动异常的口部运动训练	韵母训练	声母训练（核心：音位习得、音位对比）	语调训练、语音自反馈训练
听障	① 构音训练：声音的形成是构音的基础，构音训练的同时必须提供言语（嗓音）支持训练。 ② 视听反馈：听障儿童听觉能力欠佳，必须提供视听反馈的训练。 ③ 听觉训练：必须提供听觉识别训练。	口部运动训练	韵母训练（舌后位精细运动的分解）	声母训练（核心：音位习得、音位对比）	四声训练、语调训练、语音自反馈训练
腭裂	① 构音训练：对腭裂儿童进行代偿性构音训练。声音的形成是构音的基础，构音训练的同时必须提供言语（嗓音）支持训练。 ② 视听反馈：提供听觉反馈和视听反馈的训练。 ③ 鼻亢训练：必须提供减少鼻功能亢进的训练。	口部运动训练	韵母训练	声母训练（核心：音位习得、音位对比）	语调训练、语音自反馈训练

五、课程实施建议

（一）康复训练建议

1. 康复流程需规范

应按照言语康复规范化流程（如图 5-1 所示）开展言语康复训练。康复对象进入医院、康复机构或特殊教育学校时首先需要由康复治疗师或康复教师填写康复对象的基本信息表，并针对康复对象的言语、语言、听觉、认知等多项能力开展综合筛查和专项筛查，以初步了解康复对象各项能力的障碍程度。通过专项筛查发现康复对象存在言语障碍（嗓音障碍和/或构音障碍）问题后，则应进一步进行言语障碍诊断评估以确定康复对象言语障碍问题的类型和程度，并根据评估结果提出康复建议，撰写言语功能评估报告单。根

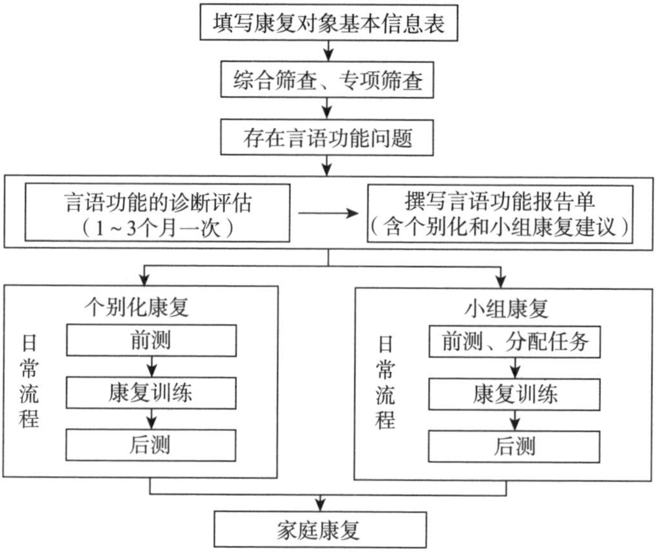

图 5-1　言语康复课程规范化流程

据评估报告的康复建议进行康复训练。日常康复训练中无论是采用个别化还是小组康复形式，每次训练前后都需进行精准评估即训练前后测试以监控言语康复训练效果。

家庭康复是非常重要的环节，每次康复训练结束后康复治疗师或康复教师都需要布置家庭作业以便巩固康复内容。

2. 康复目标需明确

言语障碍（嗓音障碍和/或构音障碍）者的个体差异大，每个个体所存在的言语障碍问题和障碍程度均不同，因此言语康复训练需要在精准评估的基础上个别对待。言语康复的每一项训练目标要明确、清晰，每次训练不宜有过多的目标。康复治疗师或康复教师根据训练目标细化训练内容，针对康复对象障碍问题和障碍程度合理安排训练顺序。

3. 康复内容和方法要靶向

在对言语障碍（嗓音障碍和/或构音障碍）者进行言语康复训练时，要根据康复对象具体言语障碍问题的特点和程度，有针对性地选择训练内容和训练方法。言语康复训练内容应与康复对象的实际生活密切相关，必须以提高康复对象的沟通交流能力为最终目的。训练过程要螺旋上升，小步骤、多循环，促进康复对象对技能的熟练掌握和应用。

4. 组织形式要多样

言语康复课程的组织形式以个别化康复训练为主，同时配套小组康复和家庭康复。个别化康复训练是言语康复的主要实践形式，主要以个体差异为依据，使得康复对象得到适合自身发展需要的康复教育指导，也是解决康复中的难点和重点问题。言语康复训练过程中还需通过“ATM”（评估—治疗—监控）操作模式，不断监控康复对象的康复效果并进行及时的方案调整。另外配合个别化康复训练，可以开展小组康复，将言语能力相近、差异较小的康复对象集合为小组，进行集体康复。小组康复可以借助上海慧敏医疗器械有限公司生产的智能康复学习机完成。家庭康复则是言语康复课程的有效补充，将课堂学习中的内容在家庭康复中进一步深化、落实，加快言语康复的进程，可以借助“小小虎在线－扫码作业”模板选择需要家庭康复进行巩固强化的训练内容生成“扫码作业”，家属可使用“扫码作业”进行家庭康复训练，将机构康复和家庭康复有效衔接。

5. 康复手段需结合现代技术

除了传统的康复手段外，现代化康复仪器设备和辅具是言语康复的有效支持手段，比如言语障碍测量仪可利用数字信号处理技术和实时反馈技术进行定量测量和实时视听反馈训练；言语障碍矫治仪可通过激发言语产生的实时声控卡通游戏来进行呼吸、发声、共鸣功能的视听反馈训练；构音障碍康复训练仪则提供了大量的图片、视频、游戏等训练材料，用于构音语音能力训练。这些现代化康复仪器设备和辅具有助于将康复内容具体化、形象化，便于康复对象更快接受、更稳定掌握。

（二）评估建议

1. 评估的目的和意义

评估是康复课程实施中的重要一环。言语功能的评估与训练是一个循环反复的过程，需要进行多次的阶段性评估，并结合训练过程中的监控，以监控言语康复的效果和检验课程目标的实现程度，改善课程设计，从而不断提高康复的质量，促进康复对象言语功能的提升。

2. 评估的方法

评估包括对康复对象言语能力的前期评估、过程性评估以及阶段性评估，构成一个整体的评估体系。评估方式为定性评估与定量评估相结合、主观评估与客观评估相结合。

前期评估是从康复对象言语障碍的实际情况出发，结合主观评估与客观评估，运用最能反映各自功能的参数及其参考标准，系统地收集康复对象各功能模块的信息、资料，通过全面分析，做出诊断评估，确定康复对象的障碍问题和障碍程度，并选择有针对性的训练方法，制订完善的治疗方案。开展前期评估的目的在于了解康复对象在训练方面的康复需要，找出其已达到的康复基线，制订相应的康复计划。

过程性评估是指在每次训练开始前和结束后，康复治疗师和康复教师都要对康复对象进行评估，评估康复对象对于本次训练的内容是否掌握以及掌握程度如何。该评估有助于康复治疗师和康复教师了解康复对象的康复过程，及时修改和调整康复计划。

阶段性评估是指在每阶段前后都要对康复对象进行评估，评估本阶段康复对象的言语康复效果和与前一阶段相比所取得的阶段性收获。该评估能够为康复治疗师和康复教师提供反馈，检验效果，为下一阶段康复目标的制订提供依据。

（三）保障康复课程实施的建议

1. 康复师资配备

医院、康复机构和特殊教育学校应配备经过专业训练的言语康复治疗师或康复教师（初级以上），担任言语康复训练任务；也可以聘请相关专业人士，指导康复治疗师或康复教师开展康复工作。其次，为保证对康复对象的言语功能进行科学评估并进行有效训练，每个医院、康复机构和特殊教育学校应至少有 1 ~ 2 名具有评估资质的康复治疗师或康复教师（中级以上）。

2. 康复资源利用和开发

充分发挥医院、康复机构和特殊教育学校各类教育康复设施和实践基地的作用，广泛利用各种互联网资源，比如上海慧敏医疗器械有限公司研发的康复云平台，医院、康复机构和特殊教育学校以及家长可借助康复云平台中的综合检查等对康复对象的功能障碍和障碍程度进行检查；医院、康复机构和特殊教育学校可利用言语康复的相关线上软件进行进行个别化康复训练和小组康复训练，同时借助线上康复课件、游戏等资源丰富言语康复的内容和形式；家属也可通过线上的言语康复软件、课件、游戏等开展家庭康复训练，保证家庭康复实施的有效性。另外，还要积极开发并使用言语康复资源，丰富教育康复内容，从而有利于康复对象对康复内容的理解和自身的发展。

3. 管理机制

医院、康复机构和特殊教育学校要对每位康复对象做好资料保存、档案归档的工作，包括康复对象的基本信息、初评结果、言语康复训练记录和过程性评估、阶段性评估等重要信息。规范康复档案的创建和使用，纸质档案与电子档案相结合，方便提取和查找。医院、康复机构和特殊教育学校还应制订言语康复计划，明确言语康复工作目标，保证康复工作有计划、有步骤、有条不紊地运转。

六、康复方法

（一）呼吸障碍的矫治

呼吸系统是言语产生的动力源。言语过程中，需要瞬间吸入大量的气体并维持平稳的呼气，这种呼吸调节过程要求呼气运动与吸气运动之间相互协同和拮抗。呼吸障碍主要表现为呼吸方式异常、呼吸支持不足和呼吸与发声不协调三种。呼吸障碍的矫治就是通过促进治疗法和现代化康复技术，建立正确的呼吸方式，提高呼吸支持能力，促进呼吸与发声的协调性，为获得良好的言语奠定基础。（如图 6-1 所示）

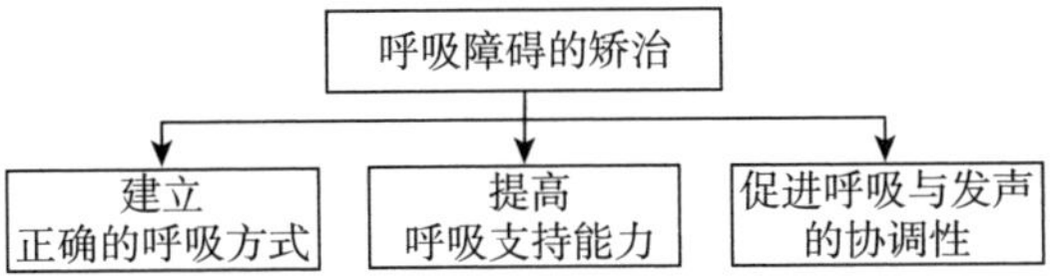

图 6-1　呼吸障碍的矫治框架

（1）建立正确的呼吸方式（如图 6-2 所示）

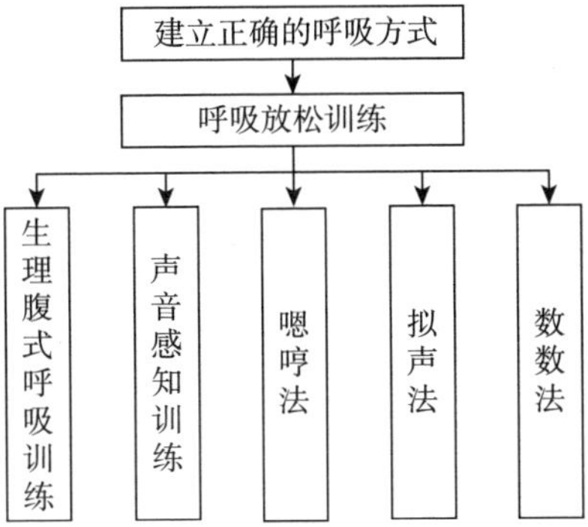

图 6-2　建立正确的呼吸方式的矫治框架

① 呼吸放松训练：将有节律的呼吸与放松运动相结合，通过手臂和肩部的运动带动肋间肌群和肩部肌群运动，使这些肌群乃至全身得到放松，从而促进呼吸系统整体功能的提高。

② 生理腹式呼吸训练：通过不同的体位让患者体验呼吸中“呼”和“吸”的过程，帮助患者建立正确、自然、舒适的生理腹式呼吸方式，为言语呼吸奠定基础。

③ 声音感知训练：采用现代化声控动画技术的形式，通过发声控制刺激物向前行进，声音停止则刺激物也停止前进，对声音的有无形成具体形象的理解。

④ 嗯哼法：通过有节奏地移动步伐来控制呼吸，并在呼气时发出“嗯哼”的声音，从而促进生理腹式呼吸到言语腹式呼吸的

过渡。

⑤ 拟声法：在建立了生理腹式呼吸的基础之上，通过模拟简单有趣的声音，来帮助康复对象从生理腹式呼吸过渡到言语腹式呼吸。

⑥ 数数法：通过有节奏地移动步伐来控制呼吸，并在呼气的同时数数，从而促进生理腹式呼吸到言语腹式呼吸的过渡。

（2）提高呼吸支持能力（如图 6-3 所示）

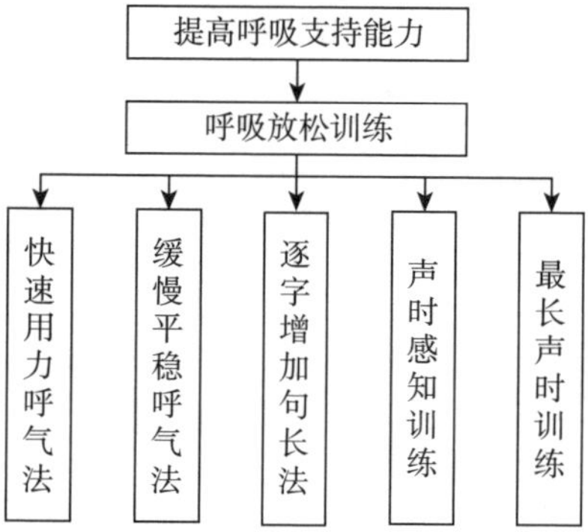

图 6-3　提高呼吸支持能力的矫治框架

① 呼吸放松训练：将有节奏的呼吸与放松运动相结合，通过手臂和肩部的运动带动肋间肌群和肩部肌群运动，使这些肌群乃至全身得到放松，从而促进呼吸系统整体功能的提高。

② 快速用力呼气法：首先尽量用鼻深吸气，然后用力快速地将气流从口腔呼出，从而增加肺活量，提高言语呼吸支持能力。

③ 缓慢平稳呼气法：通过让康复对象深吸气后，缓慢、平稳、持续地发音，来提高康复对象言语时对呼气的控制能力，从而为康复对象的言语提供稳定持久的呼吸支持。

④ 逐字增加句长法：通过让康复对象一口气连贯地朗读词句，并循序渐进地增加句长，来增强康复对象的言语呼吸支持能力，提高其呼吸与发声的协调性。

⑤ 声时感知训练：采用实时视听反馈技术，帮助康复对象建立声时的概念。

⑥ 最长声时训练：采用实时视听反馈技术，通过发基频、强度都比较稳定的音控制刺激物向前行进，声音断开则刺激物也停止前进，帮助康复对象提高言语呼吸的支持能力。

（3）促进呼吸与发声的协调性（如图 6-4 所示）

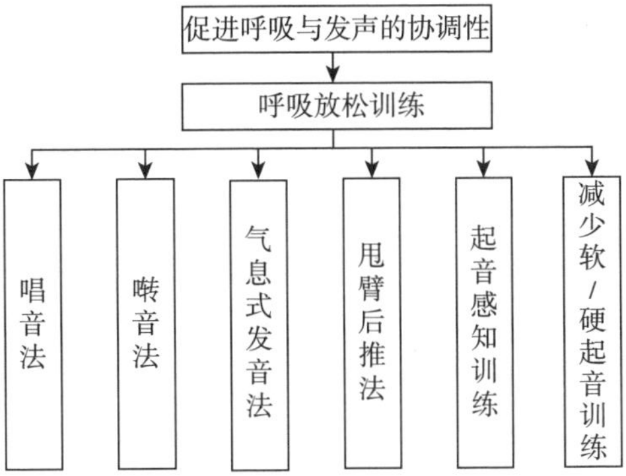

图 6-4　促进呼吸与发声协调性的矫治框架

① 呼吸放松训练：将有节奏的呼吸与放松运动相结合，通过手臂和肩部的运动带动肋间肌群和肩部肌群运动，使这些肌群乃至全身得到放松，从而促进呼吸系统整体功能的提高。

② 唱音法：通过让康复对象连续地发长音、短音，或者交替发长音和短音，来提高康复对象言语呼吸支持能力，促进康复对象呼吸与发声的协调，提高其言语时灵活控制气流的能力，从而轻松地进行发音活动。

③ 啭音法：通过发音调和响度连续起伏变化的旋转式的音，促进康复对象呼吸与发声功能的协调，提高其言语时声带的控制能力，进而打破其固有的错误发声模式，建立新的、舒适的发声模式，改善其音质。

④ 气息式发音法：通过采用气息式的发音帮助放松声带和咽

缩肌，从而建立正常的起音方式。

⑤ 甩臂后推法：让康复对象在甩臂后推的同时突然发音来提高声门闭合能力，减少软起音，帮助其建立正确的起音方式。

⑥ 起音感知训练：采用现代化声控动画技术的形式，每次正确的起音都会使一个刺激物飞起来，让康复对象意识到声带由不振动到振动的过程；并且体会到只有正确的起音才是最舒适、自然和放松的；帮助康复对象建立起音的概念，体会正确起音方式。

⑦ 减少软/硬起音训练：采用实时视听反馈技术，建立正确的起音方式和提高起音速率训练。对于存在软起音（硬起音）问题的康复对象，首先要帮助康复对象减少软起音（硬起音），建立正确的起音方式。起音速率越快，单位时间物体飞出越多，要求康复对象用正确的起音让刺激物在单位时间内多次出现，直至达到训练设定的阶段目标，不断提升目标难度，体会并最终提高起音速率。

（二）发声障碍的矫治

发声系统是言语产生的振动源。呼吸时产生的气流作用于声带，声带产生振动，发出声音。

发声障碍主要表现为音调异常、响度异常、音质异常三种发声障碍。发声障碍的矫治就是通过促进治疗法和现代化康复技术，帮助康复对象建立正常的音调、响度，改善音质，为获得良好的言语奠定基础。（如图 6-5 所示）

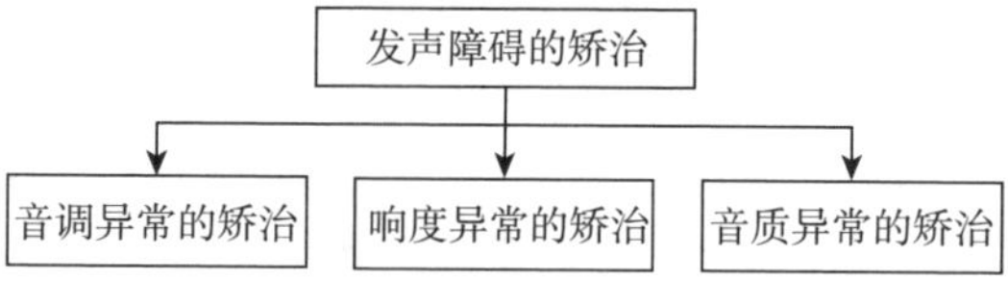

图 6-5　发声障碍的矫治框架

（1）音调异常的矫治（如图 6-6 所示）

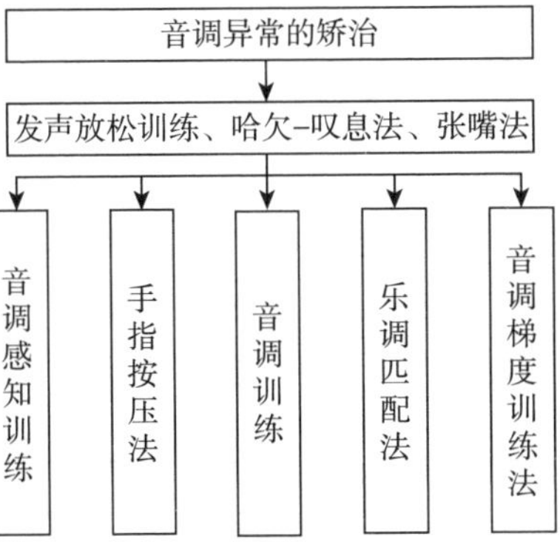

图 6-6　音调异常的矫治框架

① 发声放松训练：通过颈部运动或者声带打嘟的方法使康复对象的发声器官及相关肌群得到放松，为获得自然舒适的嗓音奠定基础。发声放松训练包括颈部放松训练和声带放松训练两部分。

② 哈欠－叹息法：通过夸张的哈欠和叹息动作，使声道充分打开，咽部肌肉放松，然后在叹息时发音并体会放松的感觉，为形成自然舒适的嗓音奠定基础。

③ 张嘴法：通过视觉提示等方式，帮助康复对象培养张嘴发音习惯，增加发音时嘴的张开度，从而协调发声器官和构音器官之间的运动，为获得更好的音质奠定基础。

④ 音调感知训练：采用现代化声控动画技术的形式，当用较低的音调发音时，刺激物飞得比较低，反之亦然。通过飞行的高低来匹配音调的高低，使康复对象对抽象的音调概念有形象具体的理解，有助于康复对象对不同音调进行模仿练习。

⑤ 手指按压法：通过按压康复对象喉部，改变喉部甲状软骨的位置，可以提高或降低音调，从而帮助其建立正常的音调。

⑥ 音调训练：根据实际情况选择“增加音调”或“减少音调”，采用现代化声控动画技术的形式，给予某刺激物，要求康复

对象发音增加或降低音调，达到一定音调，刺激物才能顺利通过，以此帮助康复对象建立正常的音调。

⑦ 乐调匹配法：根据康复对象现有的音调水平，选择乐器的不同音阶，对其进行音调的模仿匹配训练，以逐步建立正常的音调，提高其音调控制能力。

⑧ 音调梯度训练法：通过阶梯式音调上升和/或下降的训练，使康复对象建立正常音调，或者增加言语时的音调控制能力。

（2）响度异常的矫治（如图 6–7 所示）

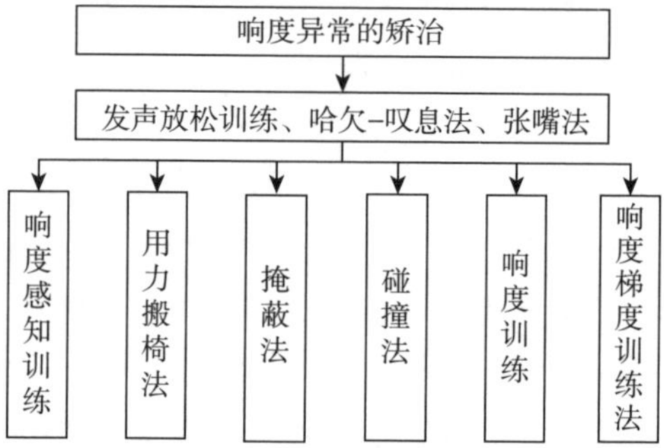

图 6–7　响度异常的矫治框架

① 发声放松训练、哈欠–叹息法、张嘴法：同上文。

② 响度感知训练：采用现代化声控动画技术的形式，当用较低的响度发音时，刺激物的耳朵是垂下来的，反之亦然。将响度的大小与某物的体积联系起来进行响度的感知训练，提高康复对象对响度的感知能力。

③ 用力搬椅法：让康复对象坐在椅子上，在用力上拉椅子的同时发音，来增加其言语的响度。

④ 掩蔽法：让康复对象在背景声条件下进行发音，并调节背景声的大小，使康复对象不自觉地提高声门下压及声带闭合能力，从而增加响度。

⑤ 碰撞法：通过滚球撞物，在球撞物的瞬间突然增加响度发

音，来提高康复对象言语的响度及其控制能力。

⑥ 响度训练：根据实际情况进行“增加响度”或“减少响度”，采用实时视听反馈技术，要求康复对象发音增加或减少到一定响度，刺激物才能顺利通过，以此帮助康复对象建立正常的响度。

⑦ 响度梯度训练法：通过阶梯式响度训练提高或降低康复对象响度，增强康复对象控制响度的能力。

（3）音质异常的矫治（如图 6–8 所示）

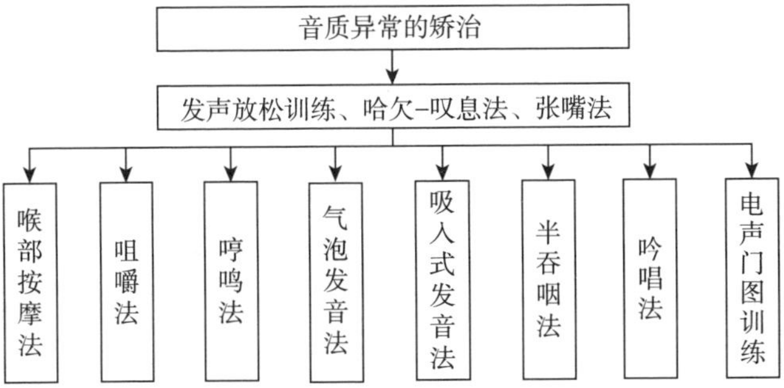

图 6–8　音质异常的矫治框架

① 发声放松训练、哈欠–叹息法、张嘴法：同上文。

② 喉部按摩法：通过按摩喉部肌肉或穴位，放松喉部肌肉，从而建立舒适放松的声道状态。

③ 咀嚼法：通过做夸张的咀嚼运动，并在做咀嚼动作的同时柔和发音，来放松发声和构音器官，从而改善发声音质的方法。

④ 哼鸣法：通过闭嘴哼鸣的方式发音，使哼鸣时在声道内的气流反作用于声带，促进康复对象声带的闭合，改善其音质。

⑤ 气泡发音法：通过柔和的气泡式发音，使康复对象的声带得到放松，声带振动更为均匀而且富有规律性，同时使声带内收能力增强，从而改善康复对象嗓音音质。

⑥ 半吞咽法：在吞咽进行到一半时用较低的音调大声地发“bo——m”音，产生的气流在声道内反作用于声带，以提高声带闭

合的能力。

⑦ 吸入式发音法：通过在吸气的时候发音来帮助康复对象重新使用真声带进行发音。

⑧ 吟唱法：用类似唱歌的形式，流畅连贯地说话，使音调响度变化较小，声带振动舒适规律，从而改善音质。

⑨ 电声门图训练：采用现代化技术可通过电声门图显示其声带闭合情况，同时也可进行实时发声训练，观察训练中声带闭合能力是否得到提高。

（三）共鸣障碍的矫治

共鸣系统是言语产生的共鸣腔。当声源通过咽腔、口腔、鼻腔时，会产生不同的共鸣，从而形成不同音色的言语。

共鸣障碍主要表现为口腔共鸣异常、鼻腔共鸣异常、共鸣音质异常三种共鸣障碍。共鸣障碍的矫治就是通过促进治疗法和现代化康复技术，帮助康复对象建立正常的口腔、鼻腔共鸣，改善共鸣音质，为获得良好的言语奠定基础。（如图 6–9 所示）

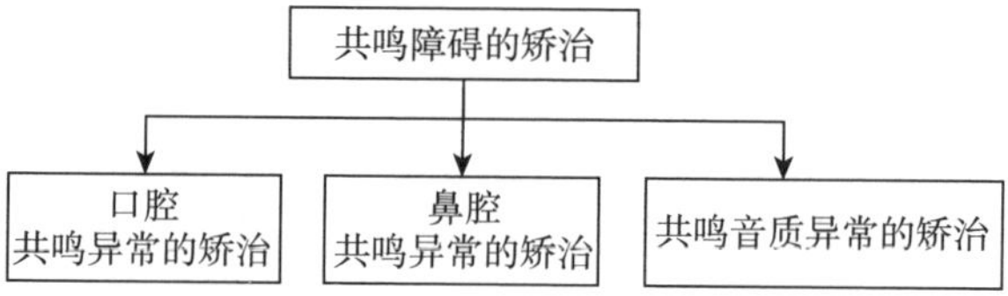

图 6–9　共鸣障碍的矫治框架

（1）口腔共鸣异常的矫治（如图 6–10 所示）

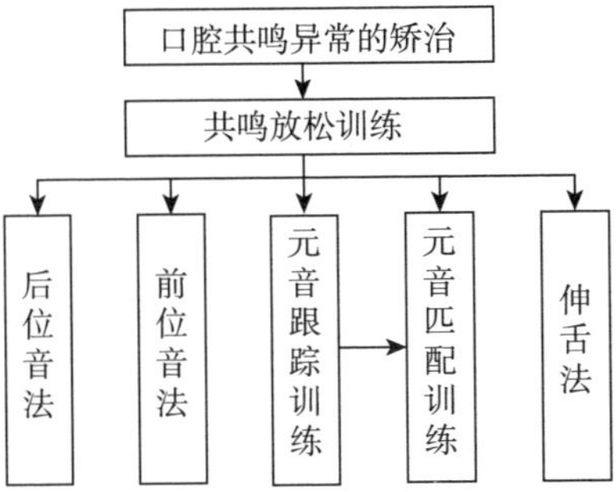

图 6–10　口腔共鸣异常的矫治框架

① 共鸣放松训练：通过完成一些夸张的动作或发一些特定的音，使共鸣肌群进行紧张与松弛的交替运动，从而促进共鸣肌群之间的协调与平衡，为形成良好的共鸣奠定基础，主要包括口腔放松训练和鼻腔放松训练两个部分。

② 后位音法：通过发一些发音部位靠后的音来体会发音时舌位靠后的感觉，帮助减少发音时舌位靠前的现象，从而达到治疗前位聚焦的目的。

③ 前位音法：通过发一些发音部位靠前的音来体会发音时舌位靠前的感觉，帮助减少发音时舌位靠后的现象，从而达到治疗后位聚焦的目的。

④ 元音跟踪训练：采用实时测量技术可以进行元音跟踪训练，如发位置较后的元音 /u/、/o/ 等，跟踪其发音时的位置是否在参考范围之内，实时地反馈其发音状况，有助于及时纠正错误的发音位置。

⑤ 元音匹配训练：利用视觉提示和实时跟踪技术，借助游戏的形式，给予某刺激物，当康复对象所发元音与样本的元音匹配时，刺激物向前行走，否则，刺激物静止不动，以此达成促进康复对象舌向前或向后运动的强化训练。

⑥ 伸舌法：通过将舌伸出口外用高音调发前位音，扩张口咽腔，体会发音时口咽腔放松的感觉，从而治疗因咽腔和喉部过于紧张而导致的喉位聚焦和后位聚焦。

（2）鼻腔共鸣异常的矫治（如图 6–11 所示）

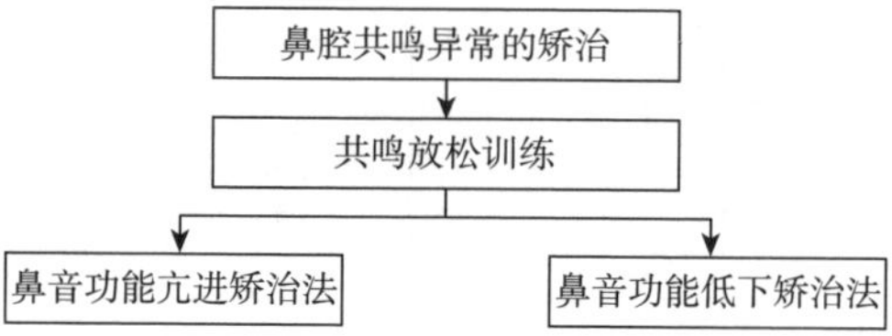

图 6–11　鼻腔共鸣异常的矫治框架

① 共鸣放松训练：通过完成一些夸张的动作或发一些特定的音，使共鸣肌群进行紧张与松弛的交替运动，从而促进共鸣肌群之间的协调与平衡，为形成良好的共鸣奠定基础，主要包括口腔放松训练和鼻腔放松训练两个部分。

② 鼻音功能亢进矫治法：通过发特定的非鼻音打开口腔，帮助康复对象体会口腔共鸣的感觉，减少鼻腔共鸣，建立有效的口腔共鸣，提高口腔共鸣能力，解决鼻音过重问题。

③ 鼻音功能低下矫治法：通过发鼻音，帮助康复对象体会鼻腔共鸣的感觉，从而建立有效的鼻腔共鸣，提高鼻腔共鸣能力，解决鼻音减少的问题。

（3）共鸣音质异常的矫治（如图 6–12 所示）

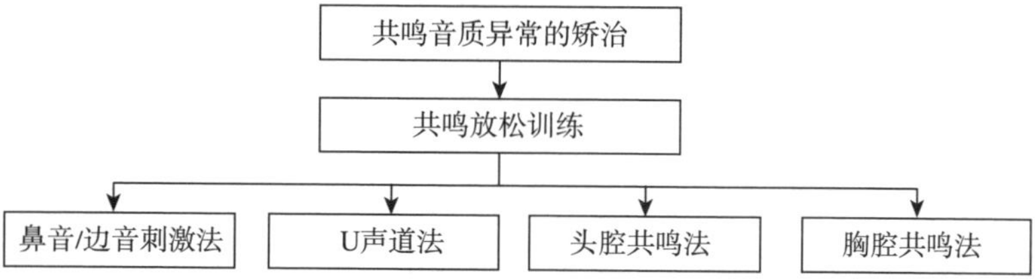

图 6–12　共鸣音质异常的矫治框架

① 共鸣放松训练：通过完成一些夸张的动作或发一些特定的音，使共鸣肌群进行紧张与松弛的交替运动，从而促进共鸣肌群之间的协调与平衡，为形成良好的共鸣奠定基础，主要包括口腔放松训练和鼻腔放松训练两个部分。

② 鼻音 / 边音刺激法：通过交替发鼻音和边音，来促进鼻腔和喉腔间共鸣的转换，以帮助康复对象获得良好的共鸣音质。

③ U 声道法：通过发 /u/，使整个声道通畅，同时体会胸音与头音之间的转换过程中不同共鸣腔振动的变化，从而获得良好的共鸣效果。

④ 头腔共鸣法：通过以高音调持续发鼻音，使声波在头腔产生共鸣，帮助康复对象体会头腔共鸣的感觉，从而建立有效的头腔共鸣。

⑤ 胸腔共鸣法：通过以低音调持续发音，使声波在胸腔产生共鸣，帮助康复对象体会胸腔共鸣的感觉，从而建立有效的胸腔共鸣。

（四）构音障碍的矫治

构音系统由口腔、鼻腔、咽腔及其附属器官组成，其中最主要的构音器官是下颌、唇舌、软腭，它们各自的灵活运动以及它们之间的协调运动是产生清晰、有意义言语（语音）的必要条件。构音障碍的矫治主要包括口部运动治疗、构音运动治疗和构音语音训练三个部分。（如图 6–13 所示）

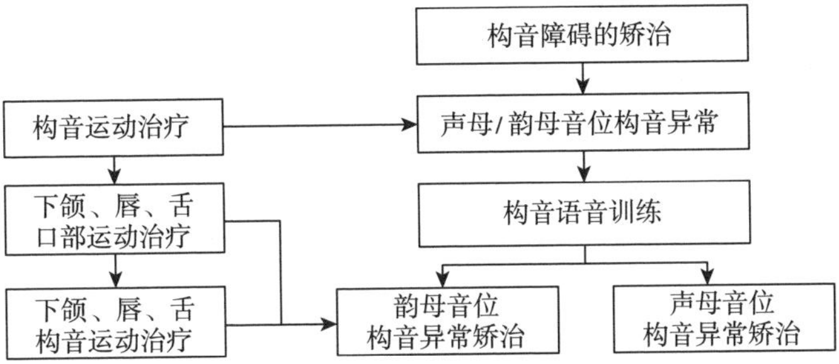

图 6–13　构音障碍的矫治框架

1. 建立正常的口部运动模式（如图 6–14 所示）

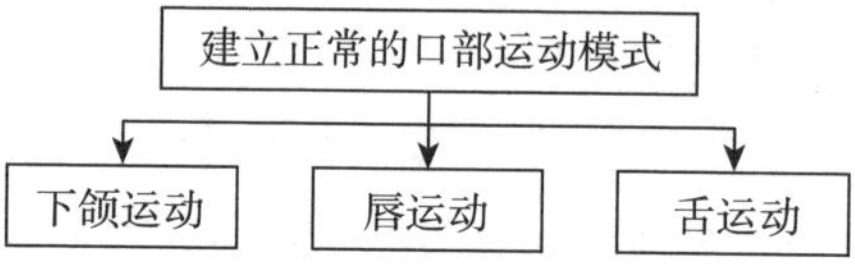

图 6–14　建立正常的口部运动模式

（1）建立正常的下颌运动模式

根据口部运动的发育规律，对下颌运动障碍的治疗可分为三个层次，首先增强下颌感知觉，然后采用促进治疗技术提高咬肌的力量，在肌力提高的前提下，利用促进治疗技术阻断下颌的异常运动模式，进行针对性治疗，促使下颌运动正常化，为构音过程中正确的下颌运动奠定生理基础。（如图 6–15 所示）

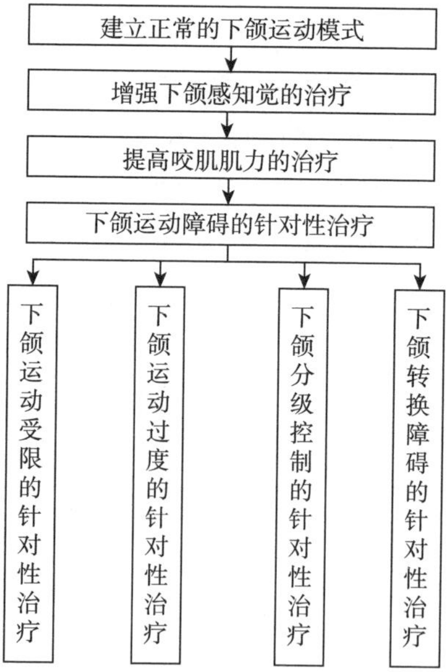

图 6–15　建立正常的下颌运动模式

① 增强下颌感知觉的治疗：包括指尖控制法和手掌控制法，用来提高感知觉能力，增强康复对象对于下颌的自主控制能力。

② 提高咬肌肌力的治疗：该项治疗技术可提高咬肌的力量，加大下颌的运动范围。对肌张力过高的康复对象，可先降低肌张力，再提高肌力；对肌张力过低的康复对象，可直接提高肌张力。提高咬肌肌力的治疗包括四种方法：深压咬肌法、敲打咬肌法、拉伸咬肌法和振动咬肌法。

③ 下颌运动障碍的针对性治疗：主要包括以下几种。

下颌运动受限的针对性治疗：下颌运动受限包括下颌向下运动受限、向上运动受限、向左运动受限、向右运动受限四种类型。根据下颌运动发育规律，首先要增大下颌上下运动的幅度，然后在此基础上再进行左右运动的治疗，最后进行前后运动的治疗。下颌上下运动受限的治疗是重点，主要治疗方法有咀嚼法、高位抵抗法和高低位交替抵抗法。

下颌运动过度的针对性治疗：下颌运动过度包括下颌上下运动过度、侧向运动过度、前伸运动过度和后缩过度四种类型。下颌上下运动过度的治疗是重点，主要治疗方法有低位抵抗法、侧向控制法和前位控制法。

下颌分级控制的针对性治疗：该项治疗技术主要是针对下颌控制不稳的患者，其目的是促进下颌精细分级控制，使下颌在不同位置能保持稳定。下颌分级控制障碍针对性治疗方法主要有低位控制法、大半开位控制法、小半开位控制法和高位控制法。

下颌转换障碍的针对性治疗：该项治疗技术是在下颌运动受限、下颌运动过度以及下颌分级控制障碍得到基本解决的前提下，主要增强下颌在不同位置之间的转换能力。下颌转换障碍的针对性治疗方法主要将低位控制法、大半开位控制法、小半开位控制法和高位控制法综合起来，通过不同位置的转换运动而完成。

（2）建立正常的唇运动模式

唇运动障碍的治疗技术主要包括增加唇感知觉、提高唇肌肌力和促进唇各种运动的针对性治疗技术。唇运动障碍的治疗目的是促进唇感知觉正常化，促进唇肌力正常化，刺激唇的各种运动，增强唇运动的自主控制能力，为唇声母和唇韵母的构音奠定好生理基础。（如图 6–16 所示）

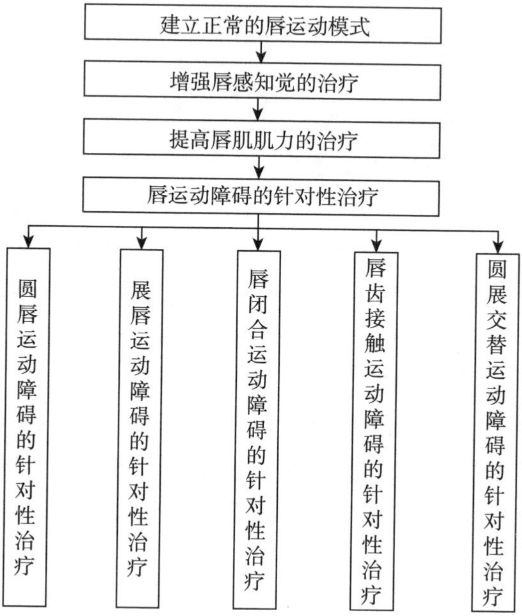

图 6–16　建立正常的唇运动模式

① 增强唇感知觉的治疗：该项治疗技术用以提高唇的感知觉能力，增强康复对象对于唇的自主控制能力。增强唇感知觉的促进治疗技术有协助指压法、自助指压法、振动法和吸吮法。

② 提高唇肌肌力的治疗：该项治疗分为肌张力过高治疗法和肌张力过低治疗法。唇肌张力过高治疗法的关键是降低唇肌张力，提高唇的运动能力，主要包括按摩面部法、减少上唇回缩、减少下唇回缩和减少唇的侧向回缩。唇肌张力过低的治疗法主要包括抵抗法、对捏法、脸部拉伸法、唇部拉伸法。

③ 唇运动障碍的针对性治疗：主要包括以下几种。

圆唇运动障碍的针对性治疗：该项治疗技术主要用于促进圆唇运动，圆唇运动治疗主要包括吸管进食法、感觉酸的表情、夹住吹哨管、吹卷龙、吹泡泡、吹棉球、拉大纽扣法、唇操器圆唇法、面条练习法、唇运动训练器法等。

展唇运动障碍的针对性治疗：该项治疗技术主要促进展唇运动，展唇运动障碍的针对性治疗主要包括杯子进食法、模仿大笑、咧开嘴角发 /i/ 音等。

唇闭合运动障碍的针对性治疗：该项治疗技术主要促进唇闭合运动，唇闭合运动治疗技术包括勺子进食法、唇部按摩、发咂舌音、出声吻、夹住压舌板等。

唇齿接触运动障碍的针对性治疗：该项治疗技术主要促进唇齿接触运动，唇齿接触运动治疗技术包括夹饼干、舔果酱、发唇齿音等。

圆展交替运动障碍的针对性治疗：该项治疗技术主要促进圆展交替运动，圆展交替运动治疗技术包括亲吻、微笑、亲吻、皱眉、微笑、噘嘴交替，发 /i/、发 /u/ 音交替等。

（3）建立正常的舌运动模式

舌运动障碍的治疗是通过触觉刺激技术提高舌的感知觉，进而利用本体感觉刺激技术提高舌肌力量和促进舌后侧缘的稳定，然后在此基础上阻断舌的异常运动模式，采用针对性的促进治疗和自主运动治疗的方法，最终达到舌运动灵活、稳定、有力，从而建立舌在构音中的正常运动模式。（如图 6–17 所示）

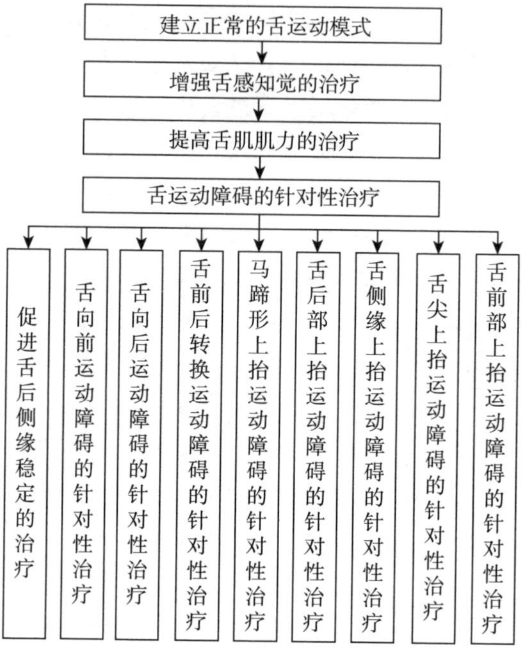

图 6-17　建立正常的舌运动模式

① 增强舌感知觉的治疗：该项治疗技术用以提高舌的感知觉，增强患者对于舌的自主控制能力。增强舌感知觉的治疗技术主要包括向上刷舌尖法、横向刷舌尖法、前后刷舌尖法、后前刷舌尖法、后前刷舌侧缘法、一二三拍打我。

② 提高舌肌肌力的治疗：该项治疗技术是舌运动治疗中最基本和最重要的方法，提高舌肌肌力的促进治疗技术包括推舌法、挤舌法、挤推齿脊法、挤推联用法、侧推舌尖法、下压舌尖法、上推舌体法、侧推舌体法、下压舌体法、左右两半上抬法。

③ 舌运动障碍的针对性治疗：主要包括以下几种。

促进舌后侧缘稳定的治疗：该项治疗技术是发出清晰的语音的前提，该促进治疗的方法主要有刷舌后侧缘法和舌后侧缘上推法。

舌向前运动障碍的针对性治疗：该项治疗技术主要促进舌向

前运动，舌向前运动障碍治疗技术主要包括舌前伸运动治疗法、舌尖向下伸展、舌尖向上伸展、舌尖舔嘴角、舌尖洗牙面、舌尖顶脸颊、舌尖上卷。

舌向后运动障碍的针对性治疗：该项治疗技术主要促进舌向后运动，舌向后运动障碍的针对性治疗的主要方法有咀嚼器刺激法、深压舌后部法、发 /u/ 音、发 /ou/ 音。

舌前后转换运动障碍的针对性治疗：该项治疗技术主要促进舌前后转换运动，舌前后转换运动治疗技术主要用来建立舌前后连续运动的模式，为汉语中的复韵母发音奠定生理基础，舌前后转换运动障碍的针对性治疗主要方法包括舌前伸后缩交替运动、发 /i/、/u/ 音的交替训练等。

马蹄形上抬运动障碍的针对性治疗：该项治疗技术主要用来促进患者形成舌尖和舌两侧缘上抬而中间下降呈“碗状”的运动模式，马蹄形上抬运动障碍的针对性治疗主要方法有舌与上齿龈吸吮、舌尖发音、压舌板刺激法、吸管刺激法、按摩刷刺激法、勺底压舌法、敲击舌中部法。

舌后部上抬运动障碍的针对性治疗：该项治疗技术是通过刺激舌收缩反射区来促进康复对象舌向后隆起呈球状的舌后缩反应，舌后部上抬运动障碍的针对性治疗方法有敲击舌中线刺激法、舌后位运动训练器法、发 /k/ 音。

舌侧缘上抬运动障碍的针对性治疗：舌侧缘上抬模式标志舌两侧缘从舌体中分化出来能够独立上抬，可以与上齿接触。舌侧缘上抬运动障碍的针对性治疗主要方法有舌侧边刺激法、向中线压舌法、向下压舌侧缘法、刺激上腭法、刺激马蹄形反应区法、食物转送法、臼齿咀嚼法。

舌尖上抬运动障碍的针对性治疗：舌尖上抬模式是指舌尖能从舌体和舌侧缘分离出来单独上抬，主要用来促进康复对象舌尖单独上抬的模式。舌尖上抬运动障碍的针对性治疗主要方法有舌尖舔物法、舌前位运动训练器法、舌尖上下运动法。

舌前部上抬运动障碍的针对性治疗：舌前部上抬运动模式是 /j/、/q/、/x/ 及其音位组合所必需的口部运动模式，舌前部上抬运动障碍的针对性治疗主要方法有舌前位运动训练器法和舌前部拱起法。

2. 建立正常的构音运动模式

构音运动治疗是在口部运动治疗的基础上，促进已经建立的口部运动准确地应用于构音，进一步强化下颌、唇、舌的各种构音运动模式，促进口部运动与构音运动的统一，为准确的构音奠定良好基础。（如图 6–18 所示）

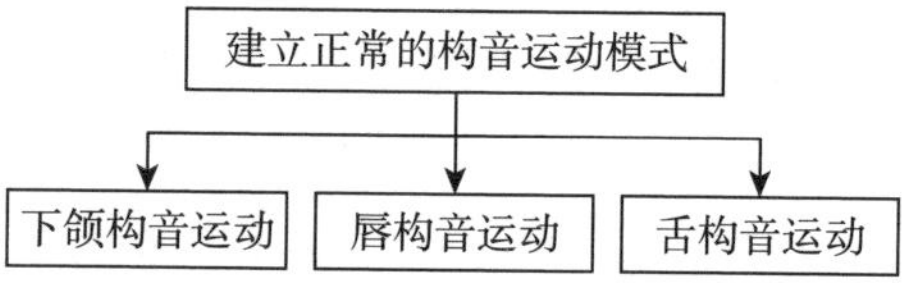

图 6–18　建立正常的构音运动模式

（1）建立正常的下颌构音运动模式

下颌的构音运动主要体现为下颌韵母的构音运动，主要包括：下颌上位运动（/i/、/u/）、下颌下位运动（/ɑ/）、下颌半开位运动（/o/、/e/）和下颌转换运动（/iɑ/、/ei/）模式。建立正常的下颌构音运动模式，在下颌口部运动治疗的基础上，主要通过下颌构音运动训练和下颌构音重读治疗两部分来达成。（如图 6–19 所示）

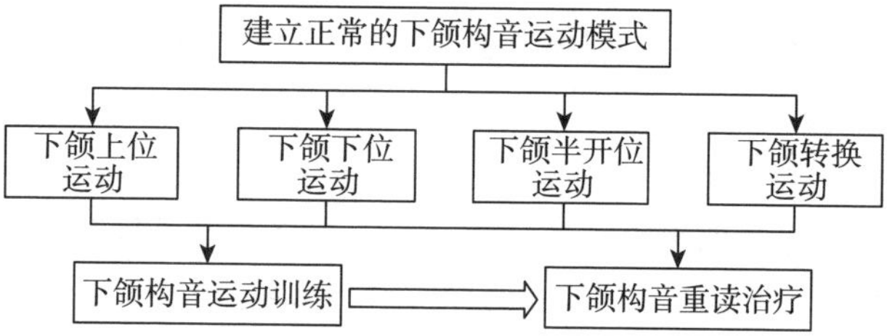

图 6–19　建立正常的下颌构音运动模式

① 下颌构音运动训练：主要通过设计符合下颌上位、下位、半开位、转换等构音运动特定原则的词语（如下颌上位词“笔记 bǐjì”），通过反复练习，达到治疗下颌上位、下位、半开位、转换等构音运动障碍的目的。

② 下颌构音重读治疗：主要通过重读慢板节奏Ⅱ和行板节奏Ⅰ，设计符合下颌上位、下位、半开位、转换等构音运动原则的音或音节（如下颌上位“[i-I-i]、[i-I-I-I]”），在朗朗的节奏和韵律下，达到治疗下颌构音运动障碍的目的。

（2）建立正常的唇构音运动模式

唇构音运动模式主要包括：圆唇构音运动（/o/、/u/）、展唇构音运动（/i/、/e/）、圆展转换构音运动（/i/-/u/、/iu/）、唇闭合与圆唇构音运动（/bu/、/pu/）、唇闭合与展唇构音运动（/mi/、/pi/）、唇闭合与展圆构音运动（/miu/、/biao/）、唇齿接触与圆 / 展构音运动（/fu/、/fe/）等。建立正常的唇构音运动模式，在唇口部运动治疗的基础上，主要通过唇构音运动训练和唇构音重读治疗两部分达到建立正常的唇构音运动模式。（如图 6–20 所示）

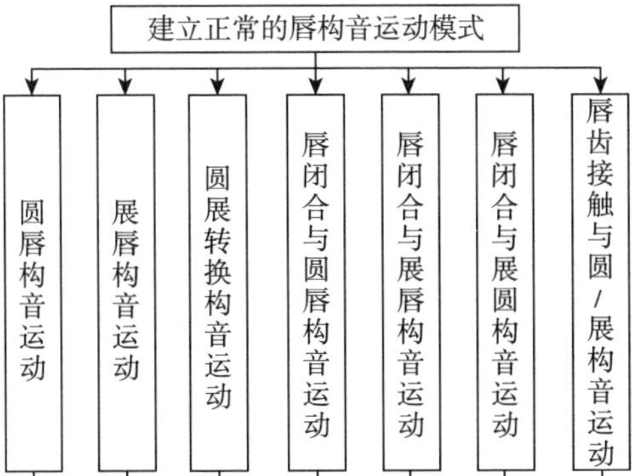

图 6–20　建立正常的唇构音运动模式

① 唇构音运动训练：主要通过设计符合圆唇、展唇、圆展转

换、唇闭合与圆唇、唇闭合与展唇、唇闭合与展圆、唇齿接触与圆 / 展等构音运动特定原则的词（如圆展转换“雨衣 yǔyī”），通过反复练习，达到治疗圆唇、展唇、圆展转换、唇闭合与圆唇、唇闭合与展唇、唇闭合与展圆、唇齿接触与圆 / 展等构音运动障碍的目的。

② 唇构音重读治疗：主要通过重读慢板节奏Ⅱ和行板节奏Ⅰ，设计符合圆唇、展唇、圆展转换、唇闭合与圆唇、唇闭合与展唇、唇闭合与展圆、唇齿接触与圆 / 展等构音运动原则的音素或音节（如圆展转换“[v-I-i] [v-V-I-I]”），在朗朗的节奏和韵律下，达到治疗唇构音运动障碍的目的。

（3）建立正常的舌构音运动模式

舌构音运动模式主要包括：舌前位运动（/i/、/ü/）、舌后位运动（/u/、/e/）、舌前后转换运动（/ie/、/üe/）、舌尖鼻韵母运动（/an/、/in/）、舌根鼻韵母运动（/ang/、/ing/）、鼻韵母转换运动（/an/-/ang/、/in/-/ing/）、马蹄形上抬运动（/d/、/t/、/n/）、舌根部上抬运动（/g/、/k/、/h/）、舌尖上抬下降运动（/l/）、舌前部上抬运动（/j/、/q/、/x/）、舌两侧缘上抬运动（/zh/、/ch/、/sh/）、舌叶轻微上抬运动（/z/、/c/、/s/）。建立正常的舌构音运动模式，在舌口部运动治疗的基础上，主要通过舌构音运动训练和舌构音重读治疗两部分来达成。（如图 6-21 所示）

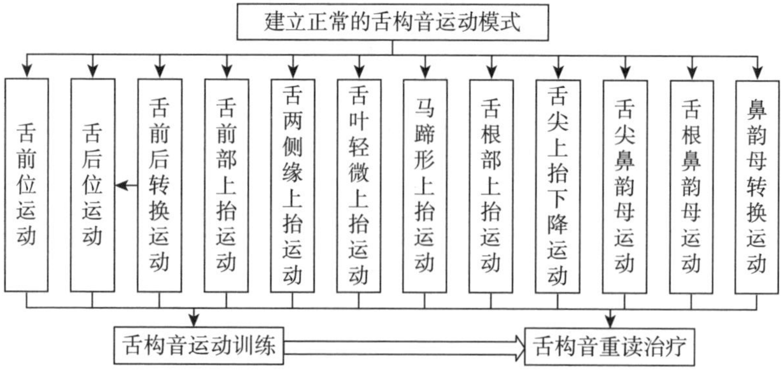

图 6-21　建立正常的舌构音运动模式

① 舌构音运动训练：主要通过设计符合舌前位、舌后位、舌前后转换、舌前部上抬、舌两侧缘上抬、舌叶轻微上抬、马蹄形上抬、舌根部上抬、舌尖上抬下降、舌尖鼻韵母、舌根鼻韵母、舌韵母转换等构音运动特定原则的词语（如马蹄形上抬“蛋糕dàngāo”），通过反复练习，达到治疗舌前位、舌后位、舌前后转换、舌前部上抬、舌两侧缘上抬、舌叶轻微上抬、马蹄形上抬、舌根部上抬、舌尖上抬下降、舌尖鼻韵母、舌根鼻韵母、舌韵母转换等构音运动障碍的目的。

② 舌构音重读治疗：主要通过重读慢板节奏Ⅱ和行板节奏Ⅰ，设计符合舌前位、舌后位、舌前后转换、舌前部上抬、舌两侧缘上抬、舌叶轻微上抬、马蹄形上抬、舌根部上抬、舌尖上抬下降、舌尖鼻韵母、舌根鼻韵母、舌韵母转换等构音运动原则的音素或音节（如马蹄形上抬“[dan-DAN-dan]、[dan-DAN-DAN-DAN]”），在朗朗的节奏和韵律下，达到治疗舌构音运动障碍的目的。

3. 提高构音语音清晰度

(1) 提高韵母构音清晰度（如图 6-22 所示）

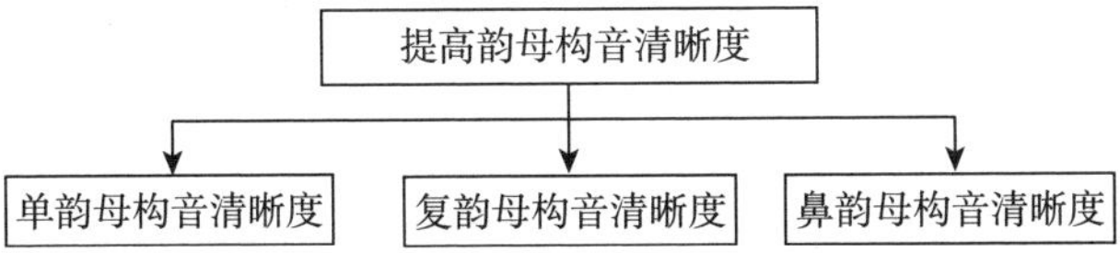

图 6-22　提高韵母构音清晰度

① 提高单韵母构音清晰度：根据单韵母的语音基础，主要通过“下颌高位、低位、半开位构音运动模式”“圆唇、展唇构音运动模式”和“舌前位、舌后位构音运动模式”三者间的组合，掌握 /ɑ/、/i/、/u/、/o/、/e/、/ü/ 正确的发音方法，从而提高单韵母的构音清晰度。

② 提高复韵母构音清晰度：根据复韵母的语音基础，主要通

过对“下颌高位、低位、半开位、转换构音运动模式”“圆唇、展唇、圆展转换构音运动模式”“舌前位、舌后位、舌前后转换构音运动模式”进行不同的组合，掌握前响、中响、后响复韵母正确的发音方法，从而提高复韵母的构音清晰度。

③ 提高鼻韵母构音清晰度：在复韵母构音的基础上，根据鼻韵母的语音基础，强调气流从鼻腔呼出，主要通过“舌尖鼻韵母构音运动模式”和“舌根鼻韵母构音运动模式”，掌握前后鼻音，提高鼻韵母的构音清晰度。

（2）提高声母构音清晰度

声母音位构音异常矫治，包括音位诱导、音位习得、音位对比和音位强化四个主要环节，在训练过程中，根据患者的实际需要，加入相应的口部运动治疗。（如图 6–23 所示）

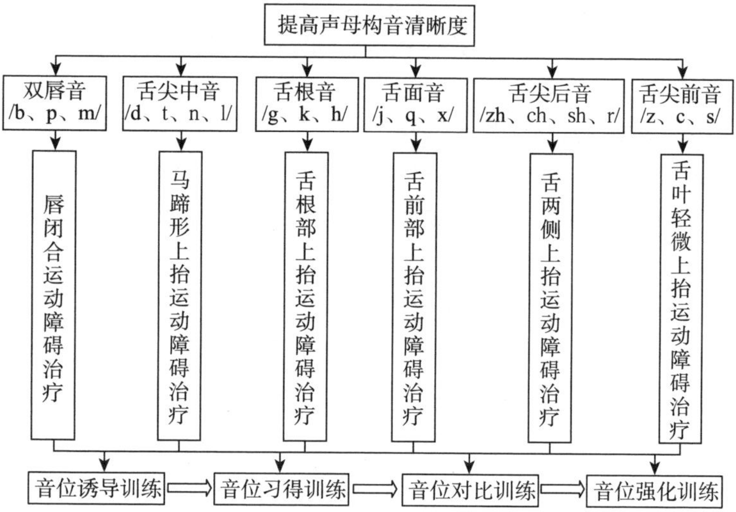

图 6–23　提高声母构音清晰度

① 声母音位诱导训练：音位诱导训练的主要目的是帮助康复对象诱导出被遗漏、替代或者歪曲的目标声母音位，是个从无到有的过程。可从增强对目标音位的感知、认识目标音位的发音部位和

方法、诱导声母目标音位三个步骤进行训练。

② 声母音位习得训练：音位习得训练在音位诱导训练的基础上，通过大量的练习材料巩固发音，将诱导出的音位进行类化，使康复对象不仅能发出目标音位的呼读音或者一至两个含有该目标音位的单音节，而且能够发出更多有意义的声韵组合。

③ 声母音位对比训练：音位对比训练是将容易混淆的一对声母提取出来进行的专门的巩固训练，用来进一步强化新习得的声母音位。共选取汉语普通话中声母最小音位对23对，包括塞音与擦音音位对（k/h、b/f）、塞音与鼻音音位对比（b/m、d/n）、擦音与无擦音的音位对（h/-）、不同构音部位的不送气塞音音位对（b/d、b/g、d/g）、送气塞音与不送气塞音音位对（t/d、p/b 、k/g）、不同构音部位的送气塞音音位对（p/t、p/k、t/k）、送气塞擦音与不送气塞擦音音位对（q/j、ch/zh、c/z）、塞擦音与擦音音位对（j/x、zh/sh、z/s）、舌尖后音与舌尖前音音位对（zh/z、ch/c、sh/s）。

④ 声母音位强化训练：构音的最终目的是在生活中能够运用该音位进行准确的交流，所以进行音位强化训练，通过模拟各种日常情景，加强康复对象对于该音位的灵活运用，主要通过棋盘游戏、生活言语，结合现代技术如沟通板等完成。

4. 提高连续语音清晰度和韵律感

语音是在构音的基础上，将单个音节按照特定的次序组合连接起来，形成有意义的句子，训练康复对象在句中连续而清晰地发音的能力，为语言的发展打下坚实的基础。语音体现了说话者连续、协调、清晰地进行发音的能力，反映了言语呼吸系统、发声系统、共鸣系统、构音系统的整体协调性，是衔接言语和语言的重要纽带。

（1）提高连续语音清晰度（如图 6–24 所示）

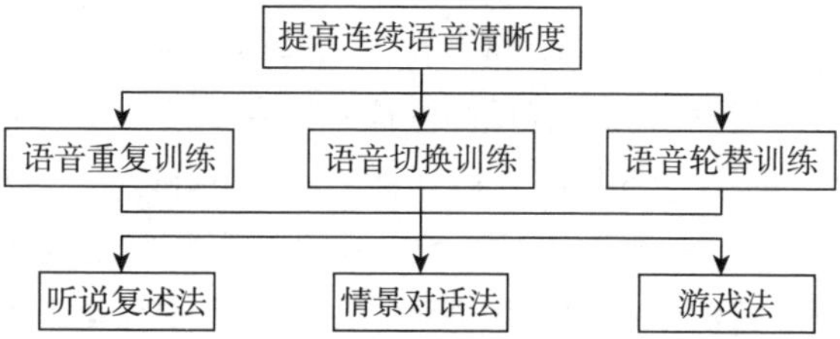

图 6–24　提高连续语音清晰度

① 语音重复训练：语音重复以声母习得的五阶段理论为主体框架，训练内容包含重复同一声母的大量词语，又涵盖了丰富的经过专门设计的句子（目标声母占句子总字数的 60% 以上）。训练的五个阶段分别为：b/m/d/h；p/t/g/k/n；f/j/q/x；l/z/s/r；c/zh/ch/sh。具体可通过以下几种方法。

听说复述法：在听觉理解基础上讲述和转述原文的内容，提高其连续语音能力。

情景对话法：设计情景对话环节，场景贴近生活，通过一问一答的方式，提高其连续语音能力。

游戏法：设计相应的游戏，游戏形式新颖，操作简单，会使康复对象的主动学习能力得到加强，并可在轻松的氛围中提升其连续语音能力。

② 语音切换训练：语音切换以 23 对最小声母音位对为主体框架，包括词语和句子两部分。词语部分每个词语都包含了一对音位对，与构音语音训练中的音位对比训练密切配合，句子部分则每句话中的目标声母音位对至少出现一次，专门训练康复对象的连续语音切换能力。具体可采用听说复述法、情景对话法、游戏法。

③ 语音轮替训练：语音轮替模块包含大量句子，旨在训练康复对象说出句子中轮替出现的同一发音部位不同发声方式声母，或同一发声方式不同发音部位声母的能力，包括唇音的轮替（b/p/m/f）、舌

尖中音的轮替（d/t/n/l）、舌尖前音的轮替（z/c/s）、舌尖后音的轮替（zh/ch/sh/r）、舌面音的轮替（j/q/x）、舌根音的轮替（g/k/h）、鼻音的轮替（m/n）、不送气塞音的轮替（b/d/g）、送气塞音的轮替（p/t/k）、不送气塞擦音的轮替（z/zh/j）、送气塞擦音的轮替（c/ch/q）、擦音的轮替（f/s/sh/x/h）。具体可采用听说复述法、情景对话法、游戏法。

（2）提高连续语音韵律感

提高连续语音韵律感主要采用重读治疗法，重读治疗法（The Accent Method，简称 AM）是由丹麦言语矫治师、言语科学家和语音学家斯文·史密斯（Svend Smith）发展出的一种从整体出发的言语治疗方法。重读治疗法将节奏训练与连续语音的发音训练有机结合，旨在通过建立正确的重读方式提高康复对象连续语音的韵律感。分为重读节奏训练、重读匹配训练、重读能量法训练、重读支架法训练。（如图 6–25 所示）

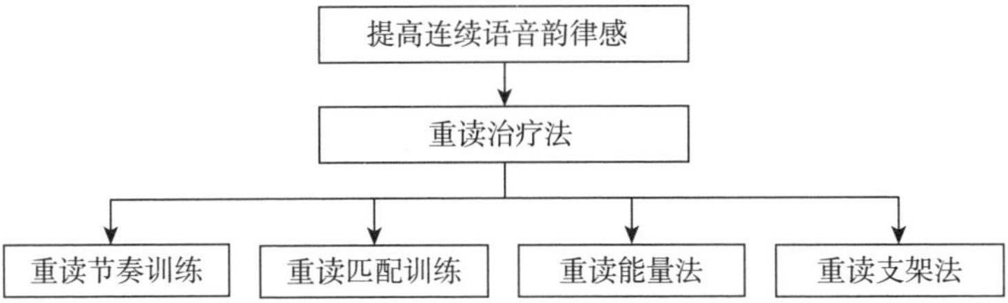

图 6–25　提高连续语音韵律感

① 重读节奏训练：主要包括以下几种。

慢板节奏训练：慢板节奏训练主要通过低音调、气息声的方式发高元音来完成。慢板节奏训练采用慢拍，为四分之三拍华尔兹节奏，每个小节有 3 拍，一次完整的慢板节奏训练应持续 6 秒钟，其中 3 秒钟为吸气，3 秒钟为发音，成人的节奏每分钟 58 拍左右，儿童可稍快（62 拍），老年人可稍慢（54 拍）。慢板节奏训练又分为慢板节奏Ⅰ、慢板节奏Ⅱ和慢板节奏Ⅲ三个部分。

行板节奏训练：进行行板节奏的训练时，要求正常起音、声音响亮。行板节奏训练采用的是进行曲节奏，每小节 4 拍，对于成年人最自然的节律是每分钟 70 拍左右，最初用于基本训练。当患者掌握了技巧后，节律可以适当增加。对儿童的训练，节奏可以稍快（76 拍），而对老年人的训练节奏应相对慢一些（64 拍），行板节奏训练又分为四个部分。

快板节奏训练：快板节奏训练比行板节奏训练的速度稍快，快板节奏训练对成年人大约为每分钟 88 拍。对儿童的训练，节奏可以稍快（94 拍），而对老年人的训练节奏应相对慢一些（82 拍）。快板节奏训练分为两个部分，其中快板节奏 I 训练最为重要。

② 重读匹配训练：利用视觉提示和实时跟踪技术，选择要训练的材料，先让康复对象聆听并观察波形的变化，让康复对象进行模仿发音的匹配训练并进行实时录音，康复对象可直观地观察到自己的发音与目标发音的区别，便于康复对象进行自我调整。

③ 重读能量法训练：通过“重读治疗中的能量法”，寻找连续语音中能量集中的位置，强调从声、韵母到音节、词语和句子的过渡，从而帮助建立连续语音的韵律感。

④ 重读支架法训练：可通过“重读治疗中的支架法”，进行从字、词语到句子的过渡，一般不超过四个音节，来建立连续语音的韵律感。

附录 1　言语障碍诊断评估表

一、言语呼吸功能诊断评估

表 1　最长声时测试

深吸气后，尽可能长地发 /ɑ/ 音，共测两次，取其中较大值即为最长声时（MPT）。

日期	第 1 次测 MPT_1/s	第 2 次测 MPT_2/s	MPT/s	MPT 最小要求 /s	MPT 训练目标 /s	相对年龄	用腹式呼吸吗？

表 2　最大数数能力测试

深吸气后，尽可能长地发“1”或“5”，共测两次，取其中较大值即为最大数数能力（MCA）。

日期	第 1 次测 MCA_1/s	第 2 次测 MCA_2/s	MCA/s	MCA 最小要求 /s	MCA 训练目标 /s	吸气和呼气协调吗？

表 3　最长声时（MPT）、最大数数能力（MCA）参考标准

年龄/岁	最长声时的最小要求 [m−2σ]/s		最长声时的训练目标 [m−σ，m+σ]/s		最大数数能力的最小要求/s		最大数数能力的训练目标/s	
	男	女	男	女	男	女	男	女
4	2	2	2.8 ~ 5.0	2.5 ~ 4.9	2	2	4	2
5	4	4	4.7 ~ 5.9	4.6 ~ 5.6	3	3	5	3
6	6	6	6.9 ~ 7.9	6.4 ~ 7.4	3	3	6	3
7	8	8	8.5 ~ 10.1	8.3 ~ 9.5	5	5	7	5
8	8	8	8.9 ~ 11.9	8.7 ~ 10.7	5	5	8	5
9	9	9	9.8 ~ 12.6	9.9 ~ 11.7	6	6	9	6
10	9	9	10.5 ~ 13.9	9.9 ~ 12.9	7	7	10	7
11	10	10	10.7 ~ 12.3	10.9 ~ 13.5	7	7	11	7
12	10	10	11.8 ~ 13.8	10.9 ~ 13.5	7	7	12	7
13	11	11	12.9 ~ 16.1	12.2 ~ 15.4	8	8	13	8
14	12	12	13.7 ~ 19.7	13.4 ~ 17.2	8	8	14	8
15	12	12	14.8 ~ 20.8	13.3 ~ 19.5	8	8	15	8
16	20	15	22.0 ~ 25.6	15.7 ~ 17.9	12	10	16	12
17	21	15	23.4 ~ 27.8	15.6 ~ 17.8	13	10	17	13
18 ~ 40	22	15	23.6	15.7	14	10	18	12

二、言语发声功能诊断评估

表 4　言语基频测试

标准测试：交谈时，询问“姓名及年龄”等。

备选测试：阅读（或跟读）“妈妈爱宝宝，宝宝爱妈妈”。

日期	基频 F_0/Hz	m−2σ	m−σ	平均言语基频 m/Hz	m+σ	m+2σ	言语基频标准差 F_0SD	F_0SD 状况（偏小、正常、偏大）	言语基频范围训练目标	实际年龄	相对年龄

注：言语基频标准差 F_0SD 代表基频变化状况，F_0SD<20 Hz 为偏小，F_0SD>35 Hz 为偏大。言语基频范围训练目标 F_0（Max-Min）代表基频有效范围。

表 5　嗓音声学测量

用舒适的发音方式，尽可能响地发 /æ/ 音。

日期	基频 /Hz	基频标准差 /Hz	基频微扰 /%	幅度微扰 /%	声门噪声 /dB	能量比率 /%	嘶哑声	粗糙声	气息声

参考标准：基频微扰，<0.5%；幅度微扰，<3%；基频标准差，<3 Hz；声门噪声，<−10 dB。

表 6　电声门图测量

用舒适的发音方式，尽可能响地发 /æ/ 音。

日期	基频 /Hz	基频标准差 /Hz	接触率 /%	接触率微扰 /%	接触幂 /%	接触幂微扰 /%	声门关闭程度	声带振动规律性

参考标准：接触率 CQ，50% ~ 70%；接触率微扰 CQP，<3%；基频标准差，<2 Hz。

三、言语共鸣功能诊断评估

表 7　言语共鸣功能诊断评估（1）

在捏鼻和非捏鼻状态下分别发 /ɑ/ 音和 /m/ 音，判断有无明显差异以确定鼻腔共鸣是否正常。

日期	发 /a/ 音时的鼻腔共鸣	发 /m/ 音时的鼻腔共鸣	鼻腔共鸣结果解释

注：1. 正常情况下发 /ɑ/ 音时，是口腔共鸣；当捏鼻与不捏鼻时的发音有明显差异时，即为鼻音功能亢进。

2. 正常情况下发 /m/ 音时，是鼻腔共鸣；当捏鼻与不捏鼻时的发音无明显差异时，即为鼻音功能低下。

表 8　言语共鸣功能诊断评估（2）

发 /i/ 音（或模仿发音），通过测量 /i/ 的 F_2 是否减小来判定后位聚焦。

日期	基频 F_2 / Hz	m−2σ	m−σ	平均基频 m / Hz	m+σ	m+2σ	错误走向

表 9　中国人言语基频 F_0 参考标准

年龄 / 岁	平均言语基频训练目标 m/Hz		平均言语基频变化状况 [m−σ，m+σ]/Hz		言语基频范围训练目标 F_0（Max−Min）/Hz	
	男	女	男	女	男	女
3	400 / g^1	380 / $^{\#}f^1$	378 ~ 422	352 ~ 408	240	223

续表

年龄/岁	平均言语基频训练目标 m/Hz		平均言语基频变化状况 [m−σ，m+σ]/Hz		言语基频范围训练目标 F_0 (Max−Min)/Hz	
	男	女	男	女	男	女
4	380 / $^{\#}f^{1}$	355 / f^{1}	353 ~ 407	324 ~ 386	200	200
5	355 / f^{1}	335 / e^{1}	330 ~ 380	328 ~ 382	200	200
6	325 / e^{1}	295 / d^{1}	297 ~ 353	275 ~ 315	200	200
7	295 / d^{1}	282 / $^{\#}c^{1}$	268 ~ 322	259 ~ 305	150	175
8	295 / d^{1}	275 / $^{\#}c^{1}$	272 ~ 318	257 ~ 293	150	175
9	260 / c^{1}	270 / c^{1}	232 ~ 288	252 ~ 288	150	175
10	245 / b	265 / c^{1}	223 ~ 267	249 ~ 281	150	175
11	225 / a	265 / c^{1}	196 ~ 254	248 ~ 282	150	175
12	210 / $^{\#}g$	260 / c^{1}	184 ~ 236	246 ~ 274	150	175
13	195 / g	245 / b	170 ~ 220	228 ~ 262	100	150
14	180 / f	235 / $^{\#}a$	152 ~ 208	218 ~ 253	100	150
15	170 / e	220 / a	136 ~ 204	201 ~ 239	100	150
16	150 / d	215 / a	128 ~ 172	197 ~ 233	100	125
17	140 / $^{\#}c$	210 / $^{\#}g$	118 ~ 162	194 ~ 226	100	125
18 ~ 40	125 / B	230 / $^{\#}a$	104 ~ 146	206 ~ 254	100	125

表 10　中国人平均言语基频参考标准（m ± σ）

年龄/岁	男					女				
	m−2σ	m−σ	m/Hz	m+σ	M+2σ	m−2σ	m−σ	m/Hz	m+σ	m+2σ
1	259	420	580	741	901	167	383	600	817	1033
2	272	411	550	689	828	193	357	520	683	847
3	356	378	400	422	444	324	352	380	408	436
4	326	353	380	407	434	294	324	355	386	416
5	306	330	355	380	404	301	328	335	382	409
6	268	297	325	353	382	254	275	295	315	336
7	241	268	295	322	349	236	259	282	305	328
8	248	272	295	318	342	239	257	275	293	311
9	205	232	260	288	315	235	252	270	288	305
10	200	223	245	267	290	233	249	265	281	297
11	168	196	225	254	282	232	248	265	282	298
12	157	184	210	236	263	232	246	260	274	288
13	144	170	195	220	246	211	228	245	262	279

续表

年龄/岁	男					女				
	m−2σ	m−σ	m/Hz	m+σ	M+2σ	m−2σ	m−σ	m/Hz	m+σ	m+2σ
14	124	152	180	208	236	200	218	235	253	270
15	102	136	170	204	238	182	201	220	239	258
16	106	128	150	172	194	179	197	215	233	251
17	96	118	140	162	184	178	194	210	226	242
18～40	83	104	125	146	167	182	206	230	254	278
41～50	85	98	110	122	135	178	189	200	211	222
51～60	95	110	125	140	155	150	170	190	210	230
61～70	86	98	110	122	134	135	163	190	217	245
71～80	109	122	135	148	161	134	154	175	196	216
81～90	104	127	150	173	196	132	154	175	196	218

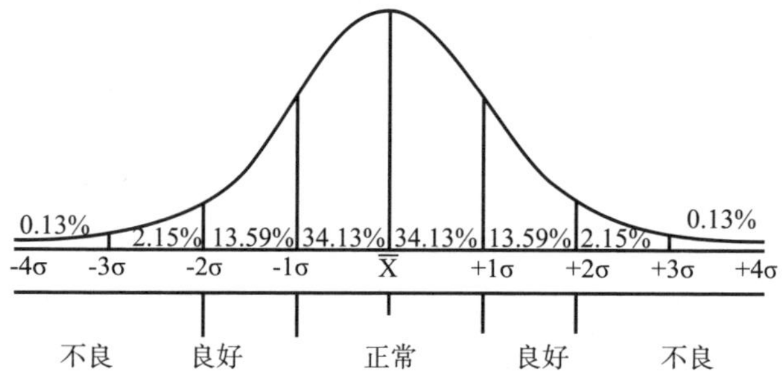

表 11　中国人核心韵母 /i/ 的共振峰参考标准（m ± σ）

年龄/岁	第一共振峰 F_1/Hz					第二共振峰 F_2/Hz				
男	m−2σ	m−σ	m	m+σ	m+2σ	m−2σ	m−σ	m	m+σ	m+2σ
3	170	292	414	536	658	2796	3052	3308	3564	3820
4	174	260	346	432	518	2767	3035	3303	3571	3839
5	210	253	296	339	382	2723	3033	3343	3653	3963
6	229	255	281	307	333	2807	3097	3387	3677	3967
女	第一共振峰 F_1/Hz					第二共振峰 F_2/Hz				
3	132	249	366	483	600	2397	2901	3405	3909	4413
4	200	259	318	377	436	3013	3318	3623	3928	4233
5	242	268	294	320	346	2951	3214	3477	3740	4003
6	232	255	278	301	324	2975	3207	3439	3671	3903

四、构音能力评估

（一）构音语音能力评估

构音能力主观评估词表主要用于评估儿童清晰发音的能力，可评价21个声母及36个最小语音对的构音情况。测验材料包含50个单音节词，每一个词都有配套的图片。

要求康复对象每个音发3遍。整个音节的发音时间及音节之间的间隔都约为1秒。为诱导出自发语音，主试可以提问、提示或模仿的形式，要求康复对象说出该图片所表达的词。

表12 黄昭鸣－韩知娟“构音52词”评估表

序号	词	目标音	序号	词	目标音	序号	词	目标音	序号	词	目标音
S1	桌	zh	12	鸡	j	25	菇	g	38	拔	a
	zhuō	√		jī			gū			bá	
S2	象	iang	13	七	q	26	哭	k	39	鹅	e
	xiàng			qī			kū			é	
1	包	b	14	吸	x	27	壳	k	40	一	i
	bāo			xī			ké			yī	
2	抛	p	15	猪	zh	28	纸	zh	41	家	ia
	pāo			zhū			zhǐ			jiā	
3	猫	m	16	出	ch	29	室	sh	42	浇	iao
	māo			chū			shì			jiāo	
4	飞	f	17	书	sh	30	字	z	43	乌	u
	fēi			shū			zì			wū	
5	刀	d	18	肉	r	31	刺	c	44	雨	ü
	dāo			ròu			cì			yǔ	
6	套	t	19	紫	z	32	蓝	an	45	椅	i
	tào			zǐ			lán			yǐ	
7	闹	n	20	粗	c	33	狼	ang	46	鼻	i
	nào			cū			láng			bí	
8	鹿	l	21	四	s	34	心	in	47	蛙	a
	lù			sì			xīn			wā	
9	高	g	22	杯	b	35	星	ing	48	娃	a
	gāo			bēi			xīng			wá	
10	铐	k	23	泡	p	36	船	uan	49	瓦	a
	kào			pào			chuán			wǎ	
11	河	h	24	稻	d	37	床	uang	50	袜	a
	hé			dào			chuáng			wà	

续表

序号	词	目标音	序号	词	目标音	序号	词	目标音	序号	词	目标音
51	酪	ao	52	入	u						
	lào			rù							

记录说明：正确打“√”；歪曲打“⊗”；遗漏打“⊖”；替代记录实发音。

表 13 黄昭鸣－韩知娟“构音 52 词”评估指导语

编号	词	拼音	提问	提示
例 1	桌	zhuō	这是什么？	（老师指向桌子问）这是什么？
例 2	象	xiàng	这是什么？	什么动物的鼻子是长长的？
1	包	bāo	这是什么？	小朋友背什么上学？
2	抛	pāo	他做什么？	他把球怎么样？
3	猫	māo	这是什么？	什么“喵喵”叫？
4	飞	fēi	它做什么？	蝴蝶做什么？
5	刀	dāo	这是什么？	拿什么切东西？
6	套	tào	这是什么？	天冷了，手戴什么？
7	闹	nào	这是什么钟？	什么钟叫你起床？
8	鹿	lù	这是什么？	什么动物的脖子长长的？
9	高	gāo	哥哥的个子比妹妹怎么样？	妹妹个子矮，哥哥比妹妹____。
10	铐	kào	这是什么？	他的手被警察怎么了？
11	河	hé	这是什么？	这是一条小____。
12	鸡	jī	这是什么？	什么动物会“喔喔”叫？
13	七	qī	这是几？	图上有几个苹果？
14	吸	xī	这是什么？	小朋友用什么喝牛奶？
15	猪	zhū	这是什么？	什么动物的耳朵很大？
16	出	chū	她在做什么？	她不是进去，是____去。
17	书	shū	这是什么？	小朋友看什么？
18	肉	ròu	这是什么？	老虎爱吃什么？
19	紫	zǐ	这是什么颜色？	球是什么颜色的？
20	粗	cū	这根黄瓜怎么样？	那根黄瓜细，这根怎么样？
21	四	sì	这是几？	图上有几个苹果？
22	杯	bēi	这是什么？	用什么喝水？

续表

编号	词	拼音	提问	提示
23	泡	pào	这是什么？	小朋友吹什么？
24	倒	dào	做什么？	怎样让开水进杯子？
25	菇	gū	这是什么？	这是蘑____。
26	哭	kū	小朋友怎么了？	找不到妈妈，他会怎么样？
27	壳	ké	这是什么？	这是贝____。
28	纸	zhǐ	这是什么？	老师在哪里写字？
29	室	shì	这是什么？	老师在哪里上课？
30	字	zì	他在做什么？	老师拿笔做什么？
31	刺	cì	花上有什么？	____碰在手上会流血。
32	蓝	lán	这是什么颜色？	天空是什么颜色的？
33	狼	láng	这是什么？	什么动物长得像狗？
34	心	xīn	这是什么？	（老师指着自己的心问）这里有什么？
35	星	xīng	这是什么？	夜晚天上什么会一闪一闪的？
36	船	chuán	这是什么？	可以乘什么过海？
37	床	chuáng	这是什么？	你晚上睡在什么上面？
38	拔	bá	做什么？	怎样让萝卜出来？
39	鹅	é	这是什么？	这不是鸭，这是____。
40	一	yī	这是几？	图上有几只苹果？
41	家	jiā	这是哪里？	你放学后回哪里？
42	浇	jiāo	做什么？	阿姨拿水壶做什么？
43	乌	wū	这是什么云？	快下雨了，天上飘什么云？
44	雨	yǔ	天上在下什么？	小朋友身上穿的是什么衣服？
45	椅	yǐ	这是什么？	（老师指向旁边的椅子问）这是什么？
46	鼻	bí	这是什么？	（老师指自己的鼻子问）这是什么？
47	蛙	wā	这是什么？	它是青____。
48	娃	wá	这是什么？	你喜欢抱什么？
49	瓦	wǎ	这是什么？	屋顶上有什么？
50	袜	wà	这是什么？	（指着小朋友的袜子问）这是什么？
51	酪	lào	这是什么？	（指着奶酪的图片问）这是什么？
52	入	rù	做什么？	爸爸进____家门。

表 14　声母音位习得能力评估

测试方法及判断标准：每个目标音发 3 遍，2 次或 3 次发对即为正确；如发音错误，需标明发音的错误走向，即歪曲、遗漏还是替代。

年龄 / 岁			2; 7～2; 12	3; 1～3; 6	3; 7～3; 12	4; 1～5; 12	6; 1～6; 6
声母	声母音位习得与否	错误走向					< 90%
b							
m							
d							
h							
p							
t							
g							
k							
n							
f							
j							
q							
x							
l							
z							
s							
r							
c							
zh							
ch							
sh							

注：1. 阴影为正常儿童声母音位习得顺序。

2. 年龄：岁；月，如 2；7 代表 2 岁 7 个月，后文同。

表 15　音位对比能力评估（1）

通过最小语音对的比较，给出对比结果。例如，语音对序号 1 中，/b/ 和 /p/ 若同时正确，则记为 1 分，若有一个错误则记为 0 分。

一、声母音位对比（10 项）						
语音对序号	最小音位对比	卡片编号	目标音	实发音	对比结果	错误走向
C1. 送气塞音与不送气塞音（替代）(Aspirating or not)						
1 双唇音	送气	2	p	1	1	□ 送气化：送气音替代不送气音 □ 替代送气*：不送气音替代送气音 □ 其他
	不送气	1	b	1		
2 舌尖中音	送气	6	t	1	1	
	不送气	24	d	1		
3 舌根音	送气	26	k	1	1	
	不送气	25	g	1		
C2. 送气塞擦音与不送气塞擦音（替代）(Aspirating or not)						
4 舌面音	送气	13	q	1	1	□ 送气化：送气音替代不送气音 □ 替代送气*：不送气音替代送气音 □ 其他
	不送气	12	j	1		
5 舌尖后音	送气	16	ch	0	0	
	不送气	15	zh	0		
6 舌尖前音	送气	31	c	0	0	
	不送气	30	z	0		
C3. 塞音与擦音（替代）(Stopping or not)						
7 舌根音	塞音	27	k	1	1	□ 塞音化*：塞音替代擦音 □ 替代塞音：擦音替代塞音 □ 其他
	擦音	11	h	1		
8 唇音	塞音	22	b	1	1	
	擦音	4	f	1		

续表

语音对序号	最小音位对比	卡片编号	目标音	实发音	对比结果	错误走向
C4. 塞擦音与擦音（替代）(Affricate or not)						
9 舌面音	塞擦音	12	j	1	1	□ 塞擦音化：塞擦音替代擦音 □ 替代塞擦音：擦音替代塞擦音 □ 其他
	擦音	14	x	1		
10 舌尖后音	塞擦音	15	zh	0	0	
	擦音	17	sh	0		
11 舌尖前音	塞擦音	30	z	0	0	
	擦音	21	s	0		
C5. 塞音与鼻音（替代）(Nasalization or not)						
12 双唇音	塞音	1	b	1	1	□ 鼻音化：鼻音替代塞音 □ 替代鼻音：塞音替代鼻音 □ 其他
	鼻音	3	m	1		
13 舌尖中音	塞音	24	d	1	1	
	鼻音	7	n	1		
C6. 擦音与无擦音（遗漏）(/h/ Deletion)						
14 舌根音	擦音	11	h	1	1	□ 声母 /h/ 遗漏* □ 其他
	无擦音	39	无擦音	1		
C7. 不同构音部位的送气塞音（替代）(Fronting or backward)						
15 送气塞音	双唇音	23	p	1	1	□ 前进化*：舌尖中音前进化，舌根音前进化 □ 退后化：舌尖中音退后化，双唇音退后化 □ 其他
	舌尖中音	6	t	1		
16 送气塞音	双唇音	23	p	1	1	
	舌根音	10	k	1		
17 送气塞音	舌尖中音	6	t	1	1	
	舌根音	10	k	1		

续表

语音对序号	最小音位对比	卡片编号	目标音	实发音	对比结果	错误走向
C8. 不同构音部位的不送气塞音（替代）(Fronting or backward)						
18 不送气塞音	双唇音	1	b	1	1	□ 前进化*：舌尖中音前进化，舌根音前进化 □ 退后化：舌尖中音退后化，双唇音退后化 □ 其他
	舌尖中音	5	d	1		
19 不送气塞音	双唇音	1	b	1	1	
	舌根音	9	g	1		
20 不送气塞音	舌尖中音	5	d	1	1	
	舌根音	9	g	1		
C9. 舌尖前音与舌尖后音（替代）(Retroflex or not)						
21 不送气塞擦音	舌尖后音	28	zh	0	0	□ 卷舌化：舌尖后音替代舌尖前音 □ 替代卷舌*：舌尖前音替代舌尖后音 □ 其他
	舌尖前音	19	z	0		
22 送气塞擦音	舌尖后音	16	ch	0	0	
	舌尖前音	20	c	0		
23 擦音	舌尖后音	29	sh	0	0	
	舌尖前音	21	s	0		
C10. 不同构音方式与部位的浊音（替代）						
24 浊音	鼻音	7	n	1	0	□ 边音化：边音替代鼻音　□ 鼻音化：鼻音替代边音　□ 前进化：舌尖
	边音	51	l	0		
25 浊音	舌尖后音	52	r	0	0	□ 边音化：边音替代鼻音 □ 其他
	舌尖中音	8	l	0		

续表

二、韵母音位对比（6 项）						
语音对序号	最小音位对比	卡片编号	目标音	实发音	对比结果	错误走向
V1. 前鼻韵母与后鼻韵母（替代）（Fronting or backward）						
26 开口呼	前鼻韵母	32	an	1	0	□ 鼻韵母前进化*：后鼻韵母前进化 □ 鼻韵母退后化：前鼻韵母退后化 □ 其他
	后鼻韵母	33	ang	0		
27 齐齿呼	前鼻韵母	34	in	1	0	
	后鼻韵母	35	ing	0		
28 合口呼	前鼻韵母	36	uan	1	0	
	后鼻韵母	37	uang	0		
V2. 鼻韵母与无鼻韵母（遗漏）（Nasal deletion）						
29 齐齿呼	前鼻韵母	34	in	1	1	□ 鼻韵母遗漏* □ 其他
	无鼻韵母	14	i	1		
30 齐齿呼	后鼻韵母	35	ing	0	0	
	无鼻韵母	14	i	1		
V3. 三元音、双元音与单元音（遗漏）（Vowel deletion）						
31 双元音	三元音	42	iao	1	1	□ 韵母遗漏* □ 其他
	双元音	41	ia	1		
32 单元音	双元音	41	ia	1	1	
	单元音	12	i	1		

续表

语音对序号	最小音位对比	卡片编号	目标音	实发音	对比结果	错误走向
V4. 前元音与后元音（替代）(Fronting or backward)						
33 高元音	前元音	40	i	1	1	□ 单元音前进化*： □ 后元音前进化 □ 单元音退后化： □ 前元音退后化 □ 其他
	后元音	43	u	1		
V5. 高元音与低元音（替代）(Upward or downward)						
34 前中元音	高元音	46	i	1	1	□ 单元音升高化* □ 低元音升高化 □ 单元音下降化 □ 高元音下降化 □ 其他
	低元音	38	ɑ	1		
V6. 圆唇音与非圆唇音（替代）(Retroflex or not)						
35 前高元音	圆唇音	44	yu	1	1	□ 圆唇化：圆唇音替代非圆唇音 □ 替代圆唇*：非圆唇音替代圆唇音 □ 其他
	非圆唇音	45	yi	1		

续表

三、声调音位对比（3 项）						
语音对序号	最小音位对比	卡片编号	目标音	实发音	对比结果	错误走向
T1. 一声与二声（替代）(The second tone or not)						
36 一、二声	一声	47	1	1	1	□ 二声化：二声替代一声 □ 替代二声 *：一声替代二声 □ 其他
	二声	48	2	1		
T2. 一声与三声（替代）(The third tone or not)						
37 一、三声	一声	47	1	1	1	□ 三声化：三声替代一声 □ 替代三声 *：一声替代三声 □ 其他
	三声	49	3	1		
T3. 一声与四声（替代）(The fourth tone or not)						
38 一、四声	一声	47	1	1	1	□ 四声化：四声替代一声 □ 替代四声 *：一声替代四声 □ 其他
	四声	50	4	1		

注：符号“*”代表常见问题。

表16 音位对比能力评估（2）

年龄				2; 7～2; 12	3; 1～3; 6	3; 7～3; 12	4; 1～5; 12	6; 1～6; 6
序号	习得与否	最小音位对	错误走向					
C6		擦音与无擦音						
V4		前元音与后元音						
V5		高元音与低元音						
V6		圆唇音与非圆唇音						
T1		一声与二声						
T3		一声与四声						
V3		三元音、双元音、单元音						
C7		不同构音部位的送气塞音						
C1		送气塞音与不送气塞音*						
C3		塞音与擦音						
C5		塞音与鼻音						
C8		不同构音部位的不送气塞音						
C2		送气塞擦音与不送气塞擦音*						
V1		前鼻韵母与后鼻韵母*						
V2		鼻韵母与无鼻韵母						
C4		塞擦音与擦音*						
T2		一声与三声						
C9		舌尖前音与舌尖后音*						

注：1. 阴影部分从50%的正常儿童能正确发出的最小音位对比开始，到90%的正常儿童能正确发出结束。

2. “*”为核心音位对比。

表 17 构音清晰度评估

声母音位对比			韵母音位对比			声调音位对比		
语音对序号		最小音位对比得分	语音对序号		最小音位对比得分	语音对序号		最小音位对比得分
1	不送气塞音与送气塞音	____ /（3 对）	10	前鼻韵母与后鼻韵母	____ /（3 对）	16	一声与二声	____ /（1 对）
2	送气塞擦音与不送气塞擦音	____ /（3 对）	11	鼻韵母与无鼻韵母	____ /（2 对）	17	一声与三声	____ /（1 对）
3	塞音与擦音	____ /（2 对）	12	三元音、双元音与单元音	____ /（2 对）	18	一声与四声	____ /（1 对）
4	塞擦音与擦音	____ /（3 对）	13	前元音与后元音	____ /（1 对）			
5	塞音与鼻音	____ /（2 对）	14	高元音与低元音	____ /（1 对）			
6	擦音与无擦音	____ /（1 对）	15	圆唇音与非圆唇音	____ /（1 对）			
7	不同构音部位的送气塞音	____ /（3 对）						
8	不同构音部位的不送气塞音	____ /（3 对）						
9	舌尖前音与舌尖后音	____ /（3 对）						
合计		____ /（23 对）	合计		____ /（10 对）	合计		____ /（3 对）
构音清晰度（%）：____ /（36 对）= ____（%）						相对年龄：____		
评价：…………………………								
						检查者：		日期：

表 18 构音清晰度参考标准

年龄 / 岁	平均值 /%	标准差 /%
3	81.58	18.23
4	85.88	19.44
5	92.34	9.90
6	88.55	5.84

表 19 构音清晰度得分转换表（百分等级）

原始分数/%	百分等级/%				原始分数/%	百分等级/%			
	3 岁	4 岁	5 岁	6 岁		3 岁	4 岁	5 岁	6 岁
32					68	35	15	7	
34					70	35	15	7	
36					72	40	22	8	
38					74	40	22	8	
40	2				76	40	22	8	2
42	2				78	40	22	10	2
44	2				80	52	25	22	3
46	3				82	52	25	22	3
48	3				84	52	25	27	17
50	3				86	58	28	33	18
52	10	2			88	58	48	40	92
54	10	2			90	58	48	40	92
56	10	2			92	65	55	45	92
58	10	2			94	65	55	45	98
60	13	3			96	65	55	48	98
62	13	3			98	65	55	48	98
64	13	3			100	100	100	100	100
66	35	15	7						

（二）构音运动功能评估

表 20　口部运动功能评估

下颌运动功能		唇运动功能		舌运动功能			
项目	得分	项目	得分	项目	得分	项目	得分
自然状态	/4	自然状态	/4	自然状态	/4	舌尖左右交替	/4
咬肌肌力	/4	流涎	/4	舌肌肌力	/4	舌尖前后交替	/4
向下运动	/4	唇面部肌群肌力	/4	舌尖前伸	/4	舌尖上下交替	/4
向上运动	/4	展唇运动	/4	舌尖下舔颌	/4	马蹄形上抬模式	/4
向左运动	/4	圆唇运动	/4	舌尖上舔唇	/4	舌两侧缘上抬模式	/4
向右运动	/4	唇闭合运动	/4	舌尖上舔齿龈	/4	舌前部上抬模式	/4
前伸运动	/4	圆展交替运动	/4	舌尖左舔嘴角	/4	舌后部上抬模式	/4
上下连续运动	/4	唇齿接触运动	/4	舌尖右舔嘴角	/4		
左右连续运动	/4			舌尖上舔硬腭	/4		
下颌总分	/36	唇总分	/32	舌总分		/64	
口部运动功能总分							
评价： 检查者：　　日期：							

注：每项有五个不同分值等级（0 分、1 分、2 分、3 分、4 分）。

表 21 下颌口部运动功能评估分级标准

评估项目	指导语	0 分	1 分	2 分	3 分	4 分
下颌在自然状态下的形状及位置	请放松你的下颌，坚持1分钟。	全开位或上下牙紧密接触，不会动。	处于全开位或上下牙紧密接触，偶能瞬间向上或向下运动。	下颌处于半开位，但下颌在水平位上左右歪斜，或前突或后缩。	下颌处于水平正中，上下牙无接触，有楔形缝隙，但不能保持3秒。	下颌处于姿势位，水平正中，上下牙无接触，有楔形缝隙，能保持3秒。
咬肌肌力	咬紧牙关，让咬肌凸起来，坚持到我数3下。	没反应。	有意识做，但无法做到，用眼睛、头或肩代替。	仅能咬住单侧，或咬时无力。	能紧紧咬住，但不能保持3秒。	能紧紧咬住，并保持3秒。
下颌向下运动	嘴巴尽可能张大，坚持到我数3下。	没反应。	有意识做，但无法做到，用眼睛、头或肩代替。	下颌不能完全打开，伴有左或右歪斜。	能充分打开下颌，但不能保持3秒。	下颌轻松充分打开，并能保持3秒。
下颌向上运动	闭紧下颌，坚持到我数3下。	没反应。	有意识做，但无法做到，用眼睛、头或肩代替。	下颌不能完全闭合，有急动，或伴有左或右歪斜。	下颌能充分紧闭，但不能保持3秒。	下颌轻松充分紧闭，并能保持3秒。
下颌向左运动	下颌向左运动，坚持到我数3下。	没反应。	有意识做，但无法做到，用眼睛、头或肩代替。	下颌能向左侧运动，但运动幅度小或无力。	下颌能充分向左运动，但不能保持3秒。	下颌轻松充分向左运动，并能保持3秒。
下颌向右运动	下颌向右运动，坚持到我数3下。	没反应。	有意识做，但无法做到，用眼睛、头或肩代替。	下颌能向右侧运动，但运动幅度较小或无力。	下颌能充分向右运动，但不能保持3秒。	下颌轻松充分向右运动，并能保持3秒。
下颌前伸运动	下颌向前运动，坚持到我数3下。	没反应。	有意识做，但无法做到，用眼睛、头或肩代替。	下颌能向前运动，但运动幅度小或无力。	下颌能充分向前运动，但不能保持3秒。	下颌轻松充分向前运动，并能保持3秒。
下颌上下连续运动	连续打开和闭合下颌，重复3次。	没反应。	有意识做，但无法做到，用眼睛、头或肩代替。	下颌只能做向上或向下运动，不能连续做3次。	下颌能连续上下运动3次，但运动不充分，缺乏力度。	下颌轻松充分连续打开闭合3次。
下颌左右连续运动	下颌连续向左向右运动，重复3次。	没反应。	有意识做，但无法做到，用眼睛、头或肩代替。	下颌只能连续向一侧运动；或不能连续做3次运动；或用唇运动代替。	下颌能连续左右运动3次，但运动不充分，缺乏力度。	下颌轻松充分连续左右运动3次。

表 22　唇口部运动功能评估分级标准

评估项目	指导语	0 分	1 分	2 分	3 分	4 分
唇在自然状态时的形态结构及位置	请放松你的唇部，坚持1分钟。	双唇严重不对称，位置几乎不变化。	上唇回缩或下唇回缩严重，上唇或下唇有抖动，但患者不知复位。	上唇或下唇有轻微抖动，但患者偶尔试图复位；或双唇不对称。	上唇或下唇轻微回缩，或轻微不对称，不易观察。	唇自然地处于水平正中位，左右对称，微微闭合。
流涎	请放松你的唇部，坚持1分钟。	无法控制。	身体前倾或分散注意力时流涎，有控制意识，但不能控制。	嘴角流涎，略微能控制。	嘴角偶有潮湿、喝水或咀嚼时轻微流涎。	没有流涎。
唇面部肌力	让我摸摸你的脸，你给我做个鬼脸，好吗?	拒绝做。	脸颊肌肉摸上去又紧又硬或长期保持笑的样子，做鬼脸时困难；或摸上去很松软，无弹性 。	脸颊肌肉较松软或较硬，做鬼脸时较容易。	脸颊肌肉摸上去有弹性，但上唇或下唇有轻微回缩。	脸颊摸上去有弹性，肌力正常。
展唇运动	跟我做笑的动作，把牙齿都露出来，坚持到我数3下。	没反应。	努力向外展但不能，用眼睛、头或肩代替或辅助。	双唇外展时需努力，嘴角不能上提；或外展幅度小；或外展时僵硬或无力。	双唇能咧开笑，但不能持续3秒。	双唇轻松充分地外展并上提，咧嘴笑，并保持3秒。
圆唇运动	跟我做圆唇的动作，坚持到我数3下。	没反应。	努力圆唇却不能，用眼睛、头或肩代替或辅助。	双唇圆唇时需努力；圆唇幅度小；或圆唇时僵硬或无力。	双唇能充分紧紧地圆起来，但不能保持3秒。	双唇轻松紧紧地圆起来，并保持3秒。
唇闭合运动	用双唇把压舌板夹住，坚持到我数3下。	没反应。	能做闭唇动作，努力夹但夹不住压舌板，用牙齿咬。	双唇紧闭时需努力，夹住1秒就掉下来。	双唇紧紧夹住压舌板，不能保持3秒。	双唇紧紧夹住压舌板，并保持3秒。
圆展交替运动	跟我做笑的动作，再做圆唇动作，连续3次。	没反应。	努力做圆或展动作但无法完成，用眼睛、头或肩代替或辅助。	只能做一项；双唇连续做圆展交替运动，但运动幅度小，速度慢或无力；或不能按序做3次。	双唇可以连续做圆展交替运动，但不能连续做3次。	双唇轻松充分地做圆展交替运动，连续做3次。
唇齿接触运动	跟我做上齿接触下唇的动作，坚持到我数3下。	没反应。	努力做唇齿接触动作但无法完成，用眼睛、下颌、头或肩代替。	上齿不能咬住下唇内侧，但能咬住下唇。	上齿可以接触下唇内侧，但不能保持3秒。	上齿能轻松自如地接触到下唇内侧，并保持3秒。

表 23　舌口部运动功能评估分级标准

评估项目	指导语	0分	1分	2分	3分	4分
舌的形状和位置	请微微张嘴。(张嘴困难，用压舌板辅助)	舌瘫软无力伸出口外或瘫软无力充满整个口腔；或舌体挛缩成球状后缩下陷到咽部。	舌体偏离明显，或舌一直在抖动，舌沿中线隆起，舌两侧松软。	舌伴有不随意运动或舌尖回缩，舌叶隆起，但舌中后部还未挛缩。	舌成碗状，偶尔伴有不随意运动或微小的偏离。	舌能保持静止不动，呈碗状。
舌尖前伸	将舌尖前伸，坚持到我数3下。	无反应。	舌尖努力伸未成，用唇、头、眼、下巴或肩膀运动来代替或辅助。	舌能独立伸出，但舌尖回缩，能将舌体变成束状，但看起来有点松软或呈球状。	舌尖能充分向前伸，但不能保持3秒，出现轻微抖动或偏离。	舌尖能独立充分向前伸，并保持3秒。
舌尖下舔下颌	舌尖向下舔下颌，坚持到我数3下。	无反应。	舌尖试图伸出口外，但未成功，用头、眼、下巴或肩膀运动来代替。	舌体能向下舔到唇下缘，但舌尖回缩成W形，能将舌体变成束，但有点松软或呈球状。	舌尖和两侧能下舔到下颌中部，但不能保持3秒，出现抖动或偏离。	舌尖和两侧能充分舔到下颌中部，并保持3秒。
舌尖上舔上唇	舌尖向上舔上唇，坚持到我数3下。	无反应。	舌尖试图伸出口外，但未成功，用头、眼、下巴或肩膀运动来代替。	舌体能向上舔到唇边缘，但舌尖回缩，能将舌体变成束状，但看起来有点松软或球状。	舌尖能充分向上舔到唇中部，呈尖状，但不能保持3秒。	舌尖能独立充分向上舔到唇中部，呈尖状，并保持3秒。
舌尖上舔齿龈	舌尖上舔齿龈，坚持到我数3下。	无反应。	舌尖试图向上舔，但未成功，用头、眼、下巴或肩膀运动来代替。	用舌叶代替舌尖向上舔到齿龈，或舌尖卷在牙齿下，舌尖无力或抖动。	舌尖能轻松上舔齿龈，但不能保持3秒。	舌尖能轻松上舔齿龈，并保持3秒。
舌尖左舔嘴角	舌尖用力向左舔嘴角，并保持3秒。	无反应。	舌尖试图去舔，但未成功，用头、眼、下巴或肩膀运动来代替。	舌尖回缩或无力，用舌叶代替舌尖向左舔嘴角，能将舌体变成束状，有点抖动，松软。	舌尖能充分向左舔到嘴角，但不能保持3秒。	舌尖能充分向左舔到左唇角，并保持3秒。

续表

评估项目	指导语	0分	1分	2分	3分	4分
舌尖右舔嘴角	舌尖用力向右舔嘴角，并保持3秒。	无反应。	舌尖试图去舔，但未成功，用头、眼下巴或肩膀运动代替。	舌尖回缩或无力，用舌叶代替舌尖向右舔嘴角，能将舌体变成束状，有点抖动，松软。	舌尖能充分向右舔到唇角，但不能保持3秒。	舌尖能充分向右舔到右唇角，保持3秒。
舌尖上舔硬腭	舌尖从上齿龈正中位向后沿硬腭中线扫到软硬腭交界处。	无反应。	舌尖试图去舔，但未成功，用头、眼、下巴或肩膀运动来代替。	舌尖回缩或无力，用舌叶代替舌尖去做，或舌尖从后向前做上述运动。	舌尖可以做该动作，但运动慢，力量稍差，有轻微抖动。	舌尖能轻松自如地从上齿龈扫到软硬腭交界处。
舌尖左右交替运动	舌尖左右交替运动，来回3次。	无反应。	舌尖试图做，但根本不会做侧向运动，用头、眼、下巴或肩膀运动来代替。	舌尖回缩或无力，用舌叶代替舌尖做左右交替运动，运动不规则，无节律。	舌尖能完成这种交替模式，但不能持续3次，运动慢，力量稍差，有轻微抖动。	舌尖能轻松自如地左右交替运动3次。
舌尖前后交替运动	舌尖前后交替运动，来回3次。	无反应。	舌太僵硬了不能伸出口外，或舌瘫在口外不能将其缩进口内，或由头、肩膀代替其交替运动。	舌尖回缩或无力，用舌叶代替舌尖做交替运动，运动不规则，无节律。	舌尖能完成这种交替模式，但不能持续3次，运动慢，力量稍差，有轻微抖动。	舌尖能轻松自如地伸出口外又缩进口内，来回3次。
舌尖上下交替运动	舌尖上下交替运动，来回3次。	无反应。	舌尖试图做，但根本不会做侧向运动，用头、眼、下巴或肩膀运动来代替。	舌尖回缩或无力，用舌叶代替舌尖做上下交替运动，运动不规则，无节律。	舌尖能完成这种交替模式，但不能持续3次，运动慢，力量稍差，有轻微抖动。	舌尖能轻松自如地舔到上下齿龈中位，并交替运动3次。

续表

评估项目	指导语	0分	1分	2分	3分	4分
马蹄形上抬模式	治疗师示范，治疗师用压舌板沿中线刺激患者舌前1/3，观察患者的反应。	无反应。	舌主动意识有，舌瘫软，压下没反应。	舌尖与舌叶未分离，多次刺激后舌两侧缘上抬，仅舌尖上抬或仅舌两侧缘上抬，马蹄形模式未形成。	多次给予刺激才出现舌碗反射，马蹄形模式才形成。	只要给予刺激就立即出现舌碗反射，马蹄形模式形成。
舌两侧缘上抬模式	嘴张开，舌两侧缘上抬，紧贴在上牙齿上。	无反应。	舌努力做了，但舌两侧缘不能做到与上牙接触。	努力做了，但只能舌尖与上齿接触，两侧缘不能与上齿接触。或借助外力能短暂接触。	舌两侧缘可以与上齿接触，但保持时间短暂，只有1秒。	嘴张开，舌两侧缘能轻松与上齿紧密接触，并保持3秒。
舌前部上抬模式	舌前部向上抬起，与硬腭接触。	无反应。	舌前部努力上抬，但不能，用头、眼、下巴或肩膀运动来代替。	舌前部不能完全自主上抬，必须借助外力辅助。	舌前部可以上抬，但持续时间只有1秒。	舌前部轻松上抬，并能持续3秒。
舌后部上抬模式	舌后部向上抬起，与软腭接触。	无反应。	舌后部努力上抬，但不能，用头、眼、下巴或肩膀运动来代替。	舌后部不能完全自主上抬，必须借助外力辅助。	舌后部可以上抬，但持续时间只有1秒。	舌后部轻松上抬，并能持续3秒。
舌肌肌力检测	将舌尖伸出来，我用压舌板用力向里顶，你用力向外顶。	拒绝做。	舌瘫软无力或挛缩，需要伸进口内进行检测，有意识做抵抗运动，但不能，用头、眼、下巴或肩膀运动来代替。	舌能伸出口外，舌尖与舌叶未分离，用舌叶向外顶压舌板，但肌力弱，很容易将舌顶进口内，持续时间短暂，不到1秒。	舌能伸出口外，舌能努力向外用力抵抗，并能随着外力大小的变化而变化，但相持不到3秒。	舌能根据外力随意调整肌力抵抗，相持时间保持3秒。

五、评估报告单

表 24　× × × 学校 / 医院言语功能评估报告单

<table>
<tr><td colspan="6">姓名:____________　出生日期:__________　性别: ☐ 男　☐ 女
检查者:__________　评估日期:__________　编号:____________
障碍类型: ☐ 智障　☐ 听障　☐ 脑瘫　☐ 孤独症　☐ 发育迟缓　☐ 其他</td></tr>
<tr><td colspan="6">一、目前情况
- - - - - - - - - - - - - - - - - - - -
- - - - - - - - - - - - - - - - - - - -</td></tr>
<tr><td colspan="6">二、评估结果</td></tr>
<tr><td rowspan="4">呼吸系统</td><td rowspan="2">呼吸方式</td><td>自然状态</td><td colspan="2">☐ 胸式
☐ 腹式
☐ 胸腹连动</td><td>☐ 显著
☐ 不显著</td></tr>
<tr><td>言语状态</td><td colspan="2">☐ 胸式
☐ 腹式
☐ 胸腹连动</td><td>☐ 显著
☐ 不显著</td></tr>
<tr><td>最长声时</td><td colspan="4">MPT/s=</td></tr>
<tr><td>最大数数能力</td><td colspan="4">MCA/s=</td></tr>
<tr><td rowspan="4">发声系统</td><td>言语基频</td><td>平均基频/Hz</td><td></td><td>基频标准差</td><td></td></tr>
<tr><td rowspan="3">嗓音功能</td><td rowspan="2">嘶哑声 G</td><td rowspan="2"></td><td>粗糙声 R</td><td></td></tr>
<tr><td>气息声 B</td><td></td></tr>
<tr><td>声门关闭程度</td><td></td><td>声带振动规律性</td><td></td></tr>
<tr><td rowspan="2">共鸣系统</td><td>共振峰测量</td><td>/i/ 的第二共振峰 F_2/Hz</td><td></td><td>后位聚焦</td><td></td></tr>
<tr><td>主观评估</td><td>鼻腔共鸣 /a/</td><td></td><td>鼻腔共鸣 /m/</td><td></td></tr>
<tr><td rowspan="5">构音系统</td><td rowspan="3">构音运动功能评估</td><td>下颌</td><td></td><td></td><td></td></tr>
<tr><td>唇</td><td></td><td></td><td></td></tr>
<tr><td>舌</td><td></td><td></td><td></td></tr>
<tr><td rowspan="2">构音语音能力评估</td><td>汉语构音语音清晰度/%</td><td></td><td>声母构音清晰度/%</td><td></td></tr>
<tr><td>声调构音清晰度/%</td><td></td><td>韵母构音清晰度/%</td><td></td></tr>
</table>

续表

三、评估结果分析

1. 呼吸方面：

2. 发声方面：

3. 共鸣方面：

4. 构音方面：

① 口部运动方面：

② 构音语音方面：

四、康复建议

1. 个别化康复训练：

2. 小组康复训练：

附录 2　构音康复过程中的精准评估表

表 1　××× 学校 / 医院构音康复过程中的精准评估表（示例）

姓名:____________　出生日期:__________　性别:□ 男　□ 女
检查者:__________　评估日期:__________　编号:____________
障碍类型:□ 智障　□ 听障　□ 脑瘫　□ 孤独症　□ 发育迟缓　□ 其他_____
听力状况:□ 正常　□ 异常　听力设备:□ 人工耳蜗　□ 助听器　补偿效果:____
进食状况:..
言语状况:..
....
口部触觉感知状况:..
....

一、音位习得精准评估

1. 语料选择：前测词语 3 ~ 5 个。每个声母训练时首次前后测选择目标声母与核心韵母 /ɑ、i、u/ 组成的声韵组合，后续前后测根据儿童能力情况选择目标声母与开口呼、齐齿呼、合口呼、嘬口呼韵母组成的有代表性的单音节词、双音节词和三音节词。
2. 记录说明：每个声韵组合或单、双、三音节词测 3 次，正确记为 1，错误记为 0。错误走向，正确记“√”；错误记“⊗”；遗漏记“⊖”；替代记实发音。

日期	阶段	音位	声韵组合	音位习得情况					
				前测	错误走向	正确率	后测	错误走向	正确率
6 月 13 日	一	/d/	/dɑ/ 大	010	⊗	22.2%	011	b	55.6%
			/di/ 地	000	⊗		100	⊗	
			/du/ 肚	001	⊗		101	⊗	

续表

日期	阶段	音位	声韵组合	音位习得情况					
				前测	错误走向	正确率	后测	错误走向	正确率
6 月 14 日	一	/d/	/da/ 大				111	√	88.9%
			/di/ 地				101	⊗	
			/du/ 肚				111	√	
6 月 15 日	一	/d/	/di/ 地	011	⊗	33.3%	111	√	66.7%
			/duo/ 躲	000	⊗		100	⊗	
			/dai/ 戴	001	⊗		101	⊗	

二、音位对比精准评估

1. 记录说明：声母音位对比，每次最多测两对，每对测 2 次，音位对两个音位同时正确，记为 1 分，若有一个错误则记为 0 分。
2. 特征：不送气与送气塞音 AUS，不送气与送气塞擦音 AUA，塞音与擦音 SF，塞擦音与擦音 AF，塞音与鼻音 SN，擦音与无擦音 FN，送气塞音的构音部位 ASP，不送气塞音的构音部位 USP，舌尖后音与舌尖前音 RU。

日期	音位对	音位对比	目标音	实发音	音位对比情况			
					前测	正确率	后测	正确率
6 月 20 日	/dao-gao/	特征：USP 序号：20	d	g	000	0%	001	33.3%
			g	√				
		特征： 序号：						

续表

日期	音位对	音位对比	目标音	实发音	音位对比情况			
					前测	正确率	后测	正确率
6 月 21 日	/dao-gao/	特征：USP 序号：20	d	d	111	100%	111	100%
			g	g				
		特征： 序号：						
6 月 22 日	/dao-gao/	特征：AUA 序号：2	d	t	001	33.3%	110	66.6%
			t	√				
		特征： 序号：						
		特征： 序号：						

三、言语支持精准评估

记录说明：1. 差异明显记 Y，差异不明显记 N。先主观评估，有明显主观差异后进行客观评估。若客观测量差异明显可不再进行训练和后测。2. 高音调者记录“习惯－低”；低音调者、正常音调者记录“习惯－高”。3. 差异明显是指两次测量差异至少在 10%～20%。4.“停顿起音”和“音节时长”前后测的记录单位是“s”；音调变化前后测的记录单位是“Hz”。

日期	发音状态	语料	前测		差异	后测		差异
6 月 20 日	停顿起音 （适中 vs 缓慢）	/da/ 大	0.453 s	0.635 s	Y			
	音节时长 （习惯 vs 延长）							
	音调变化 （习惯 vs □ 高 / □ 低）							

续表

日期	发音状态	语料	前测		差异	后测		差异
6 月 21 日	停顿起音（适中 vs 缓慢）	/da/ 大	0.453 s	0.635 s	Y			
	音节时长（习惯 vs 延长）							
	音调变化（习惯 vs □ 高 / □ 低）							
6 月 22 日	停顿起音（适中 vs 缓慢）							
	音节时长（习惯 vs 延长）	滴答	0.875 s	0.894 s	N	0.864 s	0.933 s	N
	音调变化（习惯 vs □ 高 / □ 低）	滴答	336 Hz	312 Hz	N	328 Hz	296 Hz	N
6 月 23 日	停顿起音（适中 vs 缓慢）							
	音节时长（习惯 vs 延长）	滴答	0.935 s	0.954 s	N	0.886 s	1.375 s	Y
	音调变化（习惯 vs □ 高 / □ 低）	滴答	341 Hz	307 Hz	N	333 Hz	281 Hz	Y
	停顿起音（适中 vs 缓慢）							
	音节时长（习惯 vs 延长）							
	音调变化（习惯 vs □ 高 / □ 低）							

续表

四、构音运动功能精准评估

模仿下颌、舌运动，然后在模仿下颌、舌运动的同时采用慢板节奏 II 进行发音。
记录说明：△ F_0 是指基频有效范围（手动选取）；有差异记 Y，无差异记 N。有差异是指前、后测差异男性至少 5 Hz、女性至少 10 Hz、儿童至少 15 Hz。

日期	下颌运动 慢板节奏 Ⅱ，/i–A–i/			舌运动 慢板节奏 Ⅱ，/i–U–i/		
	前测△ F_0	后测△ F_0	差异	前测△ F_0	后测△ F_0	差异
6 月 20 日	164	182	Y	174	193	Y

模仿下颌、舌的运动，然后在模仿下颌、舌的运动的同时采用“行板节奏 I”进行发音。

日期	下颌运动 行板节奏 I，/i–A–I–A/			舌运动 行板节奏 I，/i–U–I–U/		
	前测△ F_0	后测△ F_0	差异	前测△ F_0	后测△ F_0	差异
6 月 21 日	143	161	Y	151	170	Y

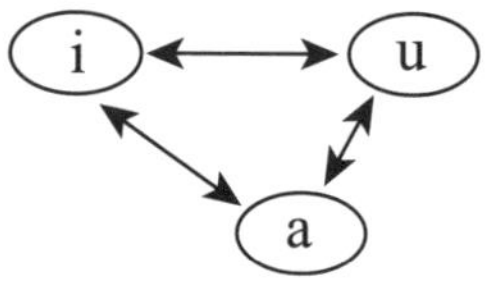

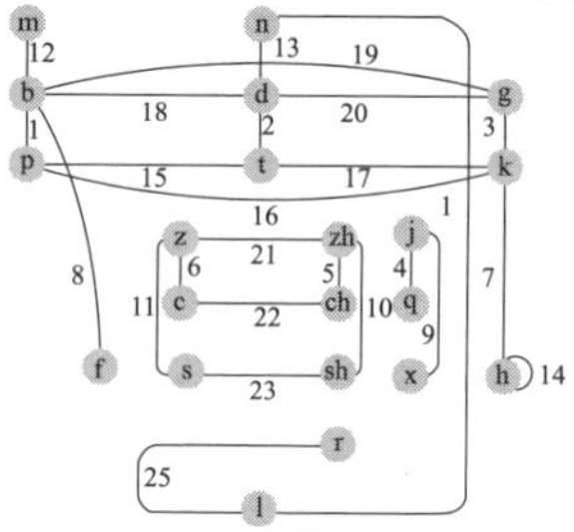

评价：......

检查者：　　　　日期：

注：为方便后文，此表中附数据示例。

附录 3　言语功能精准评估操作规范

一、音位习得和音位对比精准评估操作常规

主要借助构音障碍康复训练仪（以上海泰亿格康复医疗科技股份有限公司的构音障碍康复训练仪为例，下同）进行音位习得和音位对比精准评估。

打开软件，选择评估内容，连续播放目标词 3 遍后，点击录音键，用手势有节奏地提示康复对象发音 3 遍，并注意音节间的停顿。保存录音，评判结果后，在结果记录表中填写数据。

二、言语支持能力和构音运动功能精准评估操作常规

主要借助言语障碍测量仪进行言语支持能力和构音运动功能的精准评估。

1. 流程（同样适用于言语功能的诊断评估）

① 打开软件，选择快速设定，选择越过，进入新建。

② 进行“录音和播放设置”，采样频率选择 44 100，录音时间为 10 秒。

③ 进行“实时言语测量和训练参数设置”，“分析参数设定”中“基频选项”为儿童。

④ 打开 LA01 电源，选择对应的 20 KHz。

⑤ 进行“背景噪声设置”，注意“话筒与嘴唇距离 =10 ~ 15 cm”，模拟正式评估时的位置。为节省时间，可不进行言语等级设置。

2. 内容

（1）言语支持能力

① 停顿起音：单音节词或双音节词（以目标声母开头）；适中

（正常呼吸）vs 缓慢（深呼吸）。

举例："大"，第一次发音为"大——（正常呼吸）——大"；第二次发音为"大——（深呼吸）——大"。（如图 1 所示）

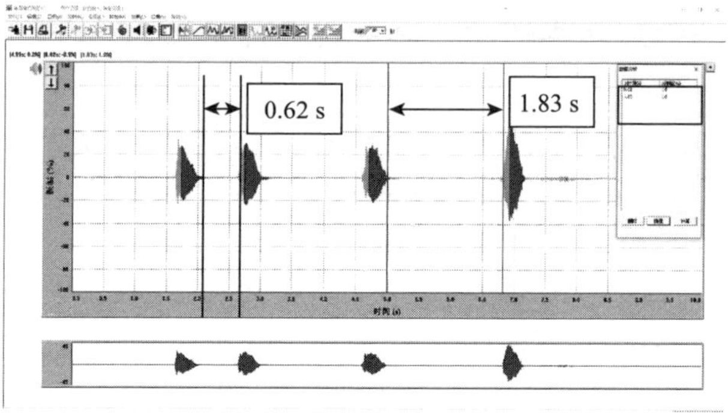

图 1

② 音节时长：单音节词或双音节词（以目标声母开头）；习惯发声 vs 音节延长。

举例："滴答"，第一次以习惯发音发 /di dɑ/，第二次延长韵母发音 /di——dɑ——/。（如图 2 所示）

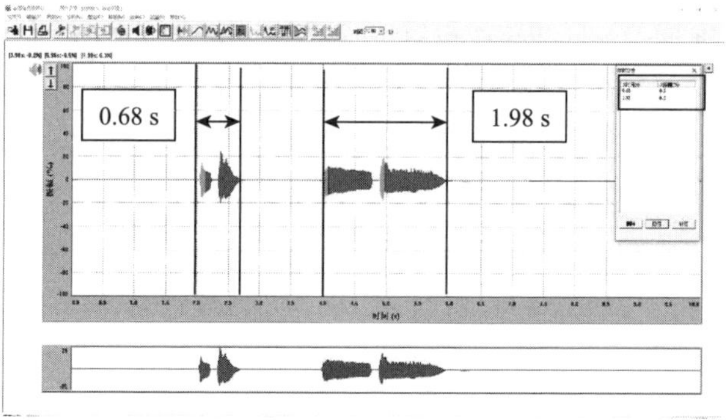

图 2

③ 音调变化：单音节词或双音节词（以目标声母开头）；习惯音调 vs 高音调 / 低音调。

举例："滴答"，若该康复对象习惯音调为高音调，则取习惯音调发"滴答"时的平均基频与降低音调发"滴答"时的平均基频进行对比；若该康复对象习惯音调为正常音调或低音调，则取习惯音调发"滴答"时的平均基频与提高音调发"滴答"时的平均基频进行对比。（如图 3 所示）

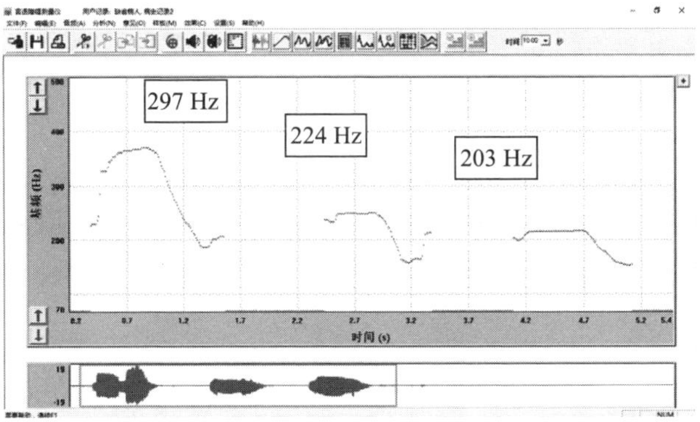

图 3

（2）构音运动功能

构音运动功能精准评估是通过下颌构音运动和舌构音运动时基频范围的精准评估来完成的。

① 下颌构音运动评估：可以让康复对象发慢板节奏Ⅱ/i-A-i/和行板Ⅰ/i-A-I-A/，其中单韵母 /ɑ/ 对应着下颌低位，/i/ 对应着下颌高位。

举例：让康复对象模仿下颌运动，模仿的同时采用慢板Ⅱ/i-A-i/发音两次，第一次正常发音，第二次强调增大下颌的开合度，计算两次发音基频起始段和基频波峰的差值。（如图 4 所示）

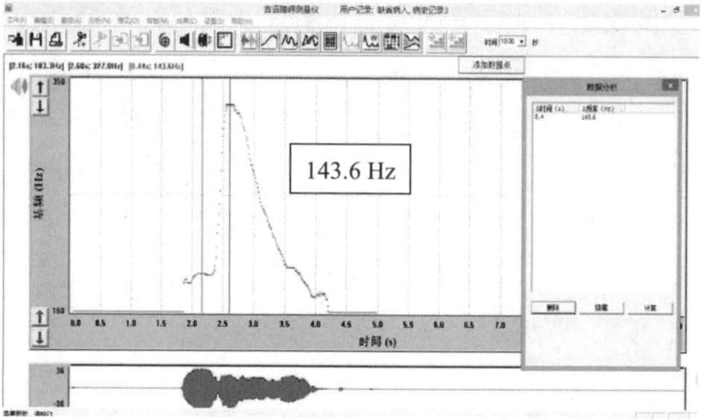

图 4

举例：让康复对象模仿下颌运动，模仿的同时采用行板Ⅰ/i-A-I-A/ 发音两次，第一次正常发音，第二次强调增大下颌的开合度，计算两次发音基频起始段和基频波峰的差值。（如图 5 所示）

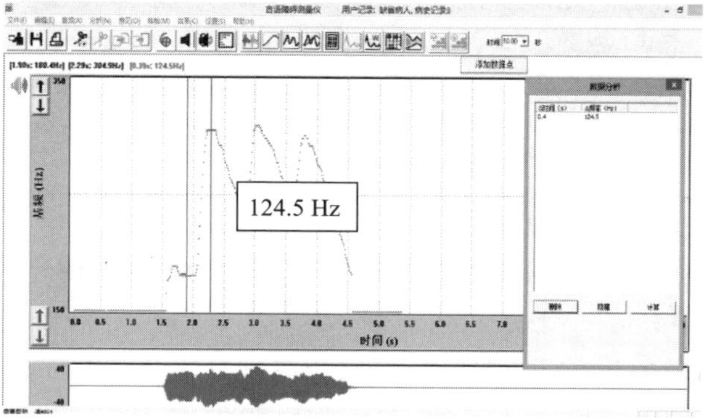

图 5

② 舌构音运动评估：可以让康复对象发慢板节奏Ⅱ/i-U-i/ 和行板Ⅰ/i-U-I-U/，其中单韵母 /u/ 对应着舌后位，/i/ 对应着舌前位。

举例：让康复对象模仿舌运动，模仿的同时采用慢板Ⅱ/i-U-i/ 发音两次，第一次正常发音，第二次强调舌的前后运动幅度，计算

两次发音基频起始段和基频波峰的差值。(如图 6 所示)

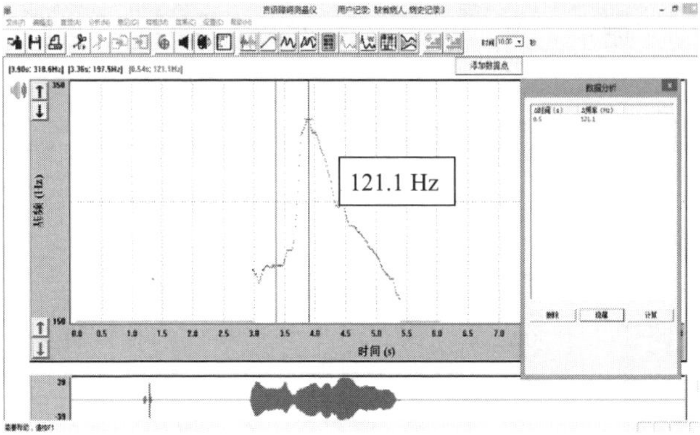

图 6

举例：让康复对象模仿舌运动，模仿的同时采用行板节奏Ⅰ/i-U-I-U/ 发音两次，第一次正常发音，第二次强调舌的前后运动幅度，计算两次发音基频起始段和基频波峰的差值。(如图 7 所示)

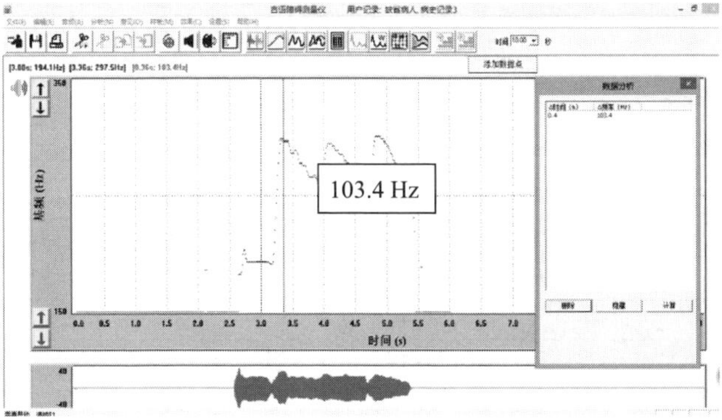

图 7

三、精准评估结果记录

（略，见附录 2“构音康复过程中的精准评估表”数据）

四、言语康复训练内容的跳转原则

1. 最小要求的评估和训练语料

每个声母音位都根据一定原则选择了固定的 3 个单音节词、3 个双音节词和 3 个三音节词作为最小要求的评估和训练语料，在进行某一声母音位习得训练的整个过程中训练以及训练前后测的内容需涵盖这些语料。每个声母音位最小要求的评估和训练语料如表 1 所示。

表 1　声母音位最小要求的评估和训练语料

音位		语料		
		单音节词	双音节词	三音节词
第一阶段	/b/	八、笔、布	斑马、手表、画本	跷跷板、电冰箱、笔记本
	/m/	马、米、木	帽子、面包、草莓	大熊猫、方便面、守门员
	/d/	大、地、肚	蛋糕、钓鱼、动物	水果刀、打电话、小蝌蚪
	/h/	哈、黑、湖	大海、天黑、火柴	吹号角、大灰狼、连环画
第二阶段	/p/	爬、皮、扑	盘子、苹果、喷嚏	电灯泡、玻璃瓶、好朋友
	/t/	她、剃、吐	太阳、跳舞、拖鞋	口香糖、炸薯条、摩托车
	/g/	嘎、鬼、骨	高兴、盖子、西瓜	钓鱼竿、小乌龟、大公鸡
	/k/	卡、开、哭	靠垫、头盔、昆虫	看一看、向日葵、长筷子
	/n/	拿、你、怒	南瓜、纽扣、温暖	老奶奶、牵牛花、老农民
第三阶段	/f/	发、飞、孵	吃饭、飞机、蜜蜂	消防车、肥皂泡、大风车
	/j/	架、鸡、锯	辣椒、镜子、咀嚼	五角星、长颈鹿、解放军
	/q/	桥、七、取	铅笔、足球、孔雀	荡秋千、小番茄、连衣裙
	/x/	虾、洗、须	鲜花、螃蟹、下雪	开口笑、大熊猫、堆雪人
第四阶段	/l/	辣、梨、鹿	老虎、月亮、萝卜	大灰狼、冰淇淋、小海螺
	/z/	砸、籽、足	再见、嘴唇、钻石	肥皂盒、大嘴巴、写作业
	/s/	洒、四、素	雨伞、隧道、松鼠	足球赛、一百岁、计算器
	/r/	绕、日、入	让座、日出、软糖	大自然、节假日、稻草人

续表

音位		语料		
		单音节词	双音节词	三音节词
第五阶段	/c/	擦、刺、粗	彩虹、磁带、洋葱	大白菜、小刺猬、搓衣板
	/zh/	炸、织、猪	照片、手指、书桌	打招呼、看报纸、大转盘
	/ch/	叉、尺、出	火柴、铁锤、春天	蛋炒饭、小锤子、玻璃窗
	/sh/	沙、十、树	勺子、护士、拍手	电风扇、电视机、小牙刷

2. 跳转条件

某一目标声母音位进行一段时间的构音训练后，精准评估需达到以下条件才能跳转到下一声母音位的训练：

① 根据一定原则所选择的目标音位最小要求的 3 个单音节词、3 个双音节词和 3 个三音节词中每个词语的音位习得正确率均超过 66.7%（即测 3 次正确 2 次以上）；

② 在正常儿童声母习得顺序中位于目标音位之前的音位与目标音位组成的音位对以及儿童容易发生混淆的音位对正确率超过 66.7%；

③ 起音停顿、音节时长和音调变化评估均有明显差异，尤其是将最小要求的 3 个单音节词和 3 个双音节词作为“言语支持精准评估”的语料时，需要有明显差异；

④“构音运动功能精准评估”中下颌运动和舌运动在慢板节奏Ⅱ和行板节奏Ⅰ两个节奏下连续两次训练前后的 ΔF_0 均有明显差异。